志が人と組織を育てる

グルメ回転寿司「銚子丸」が吉田松陰から学んだ理念

株式会社銚子丸ファウンダー
堀地速男
神渡良平

廣済堂出版

志が人と組織を育てる

グルメ回転寿司「銚子丸」が吉田松陰から学んだ理念

はじめに

銚子丸《ちょうしまる》の成長の陰に生きている、吉田松陰《よしだしょういん》先生への思い

平成二十八年（二〇一六）五月十六日号の『日経ビジネス』が「外食崩壊　賞味期限切れのチェーン店」というショッキングなタイトルで、二十一ページにわたる特集を組みました。業界は三年連続で客数が減少し、店舗の閉鎖が相次いでいることを報じています。

『日経ビジネス』は「（それは）単に消費低迷が理由なのではなく、半世紀続いた事業モデルが時代に取り残されつつある」と断じ、「これまでの強みだった、均一メニューによる安心感、大量一括仕入れによるコスト低減、マニュアルで標準化された接客などがことごとく裏目に出て、消費者離れを招いている」と分析しています。

そして大企業となったチェーンが失った創業者のパワーがいまもみなぎる街場の繁盛店と

して「すし銚子丸」にもスポットライトを当て、わが社の代名詞となっている「劇場経営」を紹介しています。

私は平成九年（一九九七）ごろ、年商十億円の壁を突破できず苦しんでいたとき、「損得勘定だけで店をやろうとするからお客さまが離れるのだ」という大変なことに気づき、コペルニクス的大転換をして道が開け、とうとう年商二百億円に迫るところまできました。その開眼の言葉が記事の最後にある「今週の名言」に大書されていてびっくりしました。

これを曖昧《あいまい》にすると、客離れが起きるのは確かです。だからこそ私は銚子丸の経営理念を、「私達の『真心』を提供し、お客様の『感謝と喜び』を頂くことを私達の使命と致します」と明確にしたのです。

新鮮な素材を提供するための努力も、寿司を流すレール内からカウンター越しにネタのことをあれこれ話す接客も、あるいは「マグロの解体ショー」という大人気のイベントも、臨場感を好まれるお客さまに喜んでいただくためのシナリオです。

今回、『日経ビジネス』の記事を読みながら、私が銚子丸で描いてきたさまざまなシナリオは、お客さまにとっても、またビジネスモデルとしても〝賞味期限〟にならないためのシナリオだったと思いました。

本書ではそれが作られるまでの軌跡を紹介しましたので、組織に携わるすべての人にさまざまなヒントを得ていただけるだろうと確信します。


平成二十八年一月二十七日、恒例の「銚子丸文化祭」が千葉・幕張のホテルで開かれました。東京・神奈川・千葉・埼玉の一都三県、九十二店舗三千五百名の〝劇団員〟の中から選ばれた百数十名が集いました。この文化祭は一年間の奮闘に報い、認め、讃《たた》える場です。

ここであえて従業員と書かず劇団員と書いたのは、私は「すし銚子丸」という店舗は、お客さまをもてなす〝劇場〟であり、お客さま（観客）を喜ばせる〝銚子丸一座〟だと考え、また株式会社銚子丸という会社は「主」「従」でなりたっている組織ではなく、目的を果たすための〝配役〟を大切にする組織だから、あえて劇団員と書きました。

お陰さまで銚子丸は全九十二店舗で月間約八十万人、年間にして約一千万人のお客さまをおもてなしするまでになりました。「銚子丸文化祭」は、そのお客さまに感謝する場でもあります。

そのお祝いの席で、私は五十年もの間、温めてきた企画を発表しました。

山口県萩市に、尊敬する吉田松陰先生をお祀《まつ》りしている松陰神社がありますが、そこに私財を投じて研修会館「立志殿」を建設し、寄贈することにしました。

松陰神社には昭和十二年（一九三七）に建設された記念館がありました。しかし、築七十六年も経って老朽化が進み、使い勝手もよくなかったので、新しい会館を建設しようと計画されました。でも資金的な目途が立たないため、建設案は暗礁《あんしょう》に乗り上げていました。

三年前、上田俊成《うえだとししげ》松陰神社宮司からその話を聞いた私と、妻である堀地ヒロ子（銚子丸代表取締役会長）は、お手伝いをさせていただくことにしたのです。一階に八十畳の参集殿の機能を持つ大広間、二階に会議室、研修室をあわせ持つ鉄筋コンクリート造りの堂々たる二階建てです。

この立志殿を〝現代の松下村塾《しょうかそんじゅく》〟として活用していただければ、こんなにうれしいことはありません。


私と松陰先生との出会いは、富山から青雲の志を抱いて上京し、ボランタリー・チェーンで働いていた二十数歳のころ、イギリスの文豪ロバート・ルイス・スティーヴンソンが書いた『吉田寅次郎《とらじろう》』を読んで号泣したことからです。

わが身の危難を顧みず、窮地に立たされていた日本を救おうと挺身《ていしん》した松陰先生に、世界的な文豪がいたく感動していたのです。

スティーヴンソンは末尾に、「こんな立派な人と同じ時代を生きていたとは、何と名誉なことか」と書いて称讃していました。

そこで私はいつか事業を確立したら、松陰先生の遺志を広めるお手伝いをしようと決意しました。

事業のかたわら、私は松陰先生が書き残された『講孟余話《こうもうよわ》』や『留魂録《りゅうこんろく》』などを読み、自分の志を高めていきました。

そしていくつかの事業の末、平成十年（一九九八）十月、グルメ回転寿司の銚子丸を立ち上げました。幸いなことにこれが人々に支持されて、平成十九年（二〇〇七）三月、ジャスダックに上場し、急成長を遂げました。

今年（平成二十八年）の〝銚子丸人〟のスローガンは松陰先生の『士規七則《しきしちそく》』から採って、「志を立てて、以《も》って万事の源と為《な》す」とし、私たち〝銚子丸人〟はすべてのことに志をもって臨もうと誓いました。

このように私たち〝銚子丸人〟の気概《きがい》は、松陰先生の教えによって育成されています。だから恩返しとして、五十年もの間抱き続けた思いの通り、松陰先生に研修会館・立志殿を寄贈させていただき、心から感謝しています。

私たち一人ひとりが志をもって輝くとき、日本全体も輝きます。どうぞみなさまのお力を貸していただき、いっしょになってこの国を盛り立てていこうではありませんか。

堀地速男

平成二十八年六月二十四日

※ご逝去される三日前、病室にて

志が人と組織を育てる

グルメ回転寿司「銚子丸」が吉田松陰から学んだ理念

目次

第一章

世界に誇れる日本の志を取り戻す

第二章

人生を創造するために大切なこと

第三章

理念が人と組織を強くする

第四章

志を立て挑戦し続ける覚悟を持つ

第五章

情熱こそが人を動かす

第六章

吉田松陰の言葉

おわりに

《資料》

『吉田寅次郎』　ロバート・ルイス・スティーブンソン（訳　神渡良平）　188

『YOSHIDA-TORAJIRO』Robert Louis Stevenson　216

ブックデザイン：ツカダデザイン

第一章
世界に誇れる日本の志を取り戻す

私の志に火をつけた『吉田寅次郎《とらじろう》』との出会い

イギリスの文豪ロバート・ルイス・スティーヴンソン（一八五〇〜一八九四）が幕末の志士、吉田松陰《しょういん》こと吉田寅次郎を題材にして書いた『吉田寅次郎』（『吉田松陰全集』「別巻」に所収　山口県教育会編　大和書房）という本があります。私がこの本を読んだのは、郷里の富山から東京に出てきて、あるボランタリー・チェーンで働きながら、自分の人生をどうするのか模索していた二十代のころでした。

ご存じのようにスティーヴンソンは『ジーキル博士とハイド氏』（岩波文庫）や血沸《わ》き肉おどる冒険小説『宝島』（中公文庫）、それに『新アラビア夜話』（光文社古典新訳文庫）などの作品で知られている文豪です。

スティーヴンソンは一八七八年（明治十一）ころ、スコットランドのエディンバラ大学のある教授宅で開かれた晩餐《ばんさん》会に出ました。そこで文部省からイギリス留学生たちの監督として派遣されていた正木退蔵《まさきたいぞう》（一八四六〜一八九六）と出会い、食事をともにしました。

正木は松陰先生の最後のころの弟子で、十三歳で長門国《ながとのくに》（山口県）萩城下にある松下村塾に入り、直接薫陶《くんとう》を受けていたので、松蔭先生についての説明についつい力が入りました。

「日本はいま近代国家として生まれ変わろうとしていますが、その日本を引っ張っているのが、吉田松陰という類《たぐい》まれなる教育者の教え子たちです。

維新の三傑《さんけつ》といわれた木戸孝允《きどたかよし》、明治維新の立役者の一人高杉晋作《たかすぎしんさく》、明治政府の重鎮《じゅうちん》伊藤《いとう》博文《ひろぶみ》、陸軍の生みの親山縣有朋《やまがたありとも》もみんな松陰先生の弟子です。

松陰先生自身は明治維新のわずか九年前、すなわち安政六年（一八五九）十月二十七日、勤王の志士たちが大勢捕縛《ほばく》された安政の大獄《たいごく》のとき、江戸・伝馬町《てんまちょう》の獄舎で処刑されました。

ところが、師の処刑が弟子たちの心に火をつけ、大きな仕事をなし遂げさせたのです。日本の近代国家としてのスタートは松陰先生を抜きに論じることはできません」

スティーヴンソンは正木の話に引き込まれ、吉田松陰という人物が果たした役割の大きさを知りました。

正木が松下村塾で松陰先生の薫陶を受けたのは、先生が萩の野山獄《のやまごく》から出獄し、叔父の玉《たま》木文之進《きぶんのしん》から松下村塾を引き継いで、近隣の子弟を教えていたころでした。長年の牢屋暮らしですっかり足腰が弱り、三尺（約九十センチ）の刀を持つのもつらいようでした。

それでも少年の正木にていねいな言葉で語りかける松陰先生だったので、自分は大切にされていると感じて、発奮《はっぷん》したそうです。

そんな松陰先生の教育を受けて、明治政府の屋台骨を支える人材が輩出されたと聞いたスティーヴンソンは、「私と同じ時代に、そんな人物が東洋の一角の日本にいて、祖国救済に奔走していたとは……」と、俄然《がぜん》吉田松陰という人物に興味を持ちました。

スティーヴンソンは晩餐会が終わると、改めて日時を約束して話の続きを聞きました。

そして松陰先生の話を書こうと思い立ったのです。『吉田寅次郎』と題して、一八八〇年（明治十三）に出版されました。外国人が松陰先生のことを書いた初めての本となりました。

私はそれを読み、松陰先生の思想と行動が世界の文豪を動かしていたことに感激しました。

それまでは松陰先生のことはお名前だけしか知りませんでした。そこで改めて松陰先生について書いたものを読み、とても啓発されました。

「何の取り得もない私だけど、大志を抱き、それを実現しようと一生懸命努力すれば、私でも何かを達成できるのではないか」

私もこの人生をただでは終わりたくない、いずれ独立して事業をおこし、経営者として縦横《じゅうおう》無尽《むじん》に活躍したいと思っていました。だからこの出合いが私の志に火をつけ、奮《ふる》い立たせました。

欧米の脅威の前に、風前の灯火の日本を見る

スティーヴンソンが興味を持ったのは、ペリーの来航によって太平の夢を破られ、日本が存亡の危機に立たされたとき、松陰先生が取った行動でした。少し説明を加えて、当時の状況を描写しましょう。

嘉永《かえい》六年（一八五三）、ペリー提督は四隻の軍艦を率いて、来航しました。鎖国をしていた日本は米国艦隊に対して、長崎に回航するよう命じましたが、ペリーはそれを無視して江戸湾に侵入しました。

そのころ江戸湾に設置されていた大砲は全部で九十九門ありました。でも大半は口径八・五センチの小さな大砲で、口径十六センチの大砲はわずか十九門だけです。しかも射程は数百メートルしかありません。

一方、ペリー艦隊の大砲は十六センチ以上が六十三門、射程は千五百メートルでした。ということは、いざ撃ち合いになったら、日本の砲台からの弾はペリー艦隊には一発も届かず、逆にペリー艦隊の砲撃は江戸の町すべてを火の海にする威力を持っていました。わずか四隻の軍艦と戦う前から決着はついていたのです。

松陰先生は、山鹿《やまが》流兵学指南の養父、吉田大助から山鹿流兵学を学び、藩校明倫館《めいりんかん》に兵学師範として出仕していた人です。当然、人一倍国防には関心が深かったので、その威力にうなりました。

しまった！　と思ってももう遅い。鎖国して諸外国の時流から遠ざかり太平をむさぼったツケは、不利な条件を無理やり飲まされるという形で支払わされようとしていたのです。

一八四〇年（天保十一）に、清（中国）とイギリスの間に起きたアヘン戦争の結果、清は敗北し、香港《ホンコン》を割譲《かつじょう》しました。そのニュースは日本にも伝わり、為政者たちは震え上がりました。虎視眈々《こしたんたん》と狙《ねら》う欧米の前で、風前の灯火《ともしび》のように揺らいでいる日本の独立をどうしたら守ることができるか、松陰先生は必死で模索しました。

渡航してアメリカの実情を見たい！

松陰先生はアメリカの軍事力を羨望《せんぼう》すると同時に、それを産みだした文化を見たいと思いました。軍事力において欧米人に匹敵したいという願望は、文化においても彼等に比肩《ひけん》し得るものでありたいという欲求に変わっていきました。

他国の長所を取り入れ、その文化によって日本を利し、しかも日本の美徳が他国から冒されないようにしたいと念願しました。そのためには誰かが欧米の文化を学びに行かなければなりません。しかし現実には鎖国法によって、出国は禁止されています。

「ならば国禁を犯してでもアメリカに渡航し、欧米のことをもっと詳しく知ろう。そして彼らの発達した武器を輸入して、祖国の防衛を図るのだ」

松陰先生はそう決意すると、さっそく行動に移しました。江戸に来てみると、残念ながらペリーの軍艦はすでに抜錨《ばつびょう》して立ち去っていました。松陰先生は機を逸したと落胆していると、ロシアの使者が長崎に来ていると知ったので、はるばる長崎まで出かけました。しかし到着したときにはロシアの船もすでに出港しており、意を果たすことができませんでした。

再び江戸に取って返すと、なんとペリーが今度は七隻の軍艦を率いて再び舞い戻っていました。米国は武力をちらつかせて開国を要求し、とうとう幕府は嘉永七年（一八五四）、日米和親条約を締結し、開国しました。

泉岳寺前での一首

松陰先生は門人の金子重之助《じゅうのすけ》とともに下田に向かい、ペリーが乗っている旗艦ポーハタン号に小舟で漕ぎつけ、ペリー提督に自分たちを帯同してくれるよう願い出ました。しかし幕府と事を構えたくなかったペリーはその申し出を断り、自艦のボートで松陰先生らを下田の海岸に送り返しました。

国禁を犯して密航しようとした松陰先生は、下田奉行所に自首して捕縛《ほばく》され、取り調べを受けました。

その後、松陰先生は伝馬町の牢屋敷に移送されました。国禁を犯した重罪人ですから、手錠をされ、足かせをはめられ、腰に縄をつけられ、罪人を乗せる唐丸《とうまる》駕籠《かご》に乗せられていきます。人々は物珍しそうに、「何だ、何事だ」と取り囲み、

「国禁を犯して密航しようとした罪人らしいぞ」

山口県萩市の吉田松陰生誕地にある銅像。右隣にいるのは松陰の愛弟子、金子重之助。

と騒ぎ立てました。駕籠が品川の泉岳寺《せんがくじ》にさしかかると、松陰先生は駕籠を止めてもらいました。ここには赤穂浪士四十七士が祀《まつ》られています。

赤穂浪士の事件とは、それより百五十年前、すなわち元禄《げんろく》十五年（一七〇二）、赤穂浪士が主君浅野《あさの》内匠頭《たくみのかみ》の仇《かたき》を討つために吉良《きら》邸に討ち入り、吉良上野介《こうずけのすけ》を打ち取って本懐を遂げたというものです。しかしその結果、四十七士は切腹を申し付けられて自刃《じじん》し、この泉岳寺に葬られました。

義を貫いたけれども、死を賜《たまわ》った

赤穂浪士。一方自分もまた今日の行き詰まりを打開しようと、国禁を犯して渡航しようとしたけれども阻まれ、牢獄に押し込められている——まったく同じだというのです。

松陰先生は居住まいを正して、一首の和歌を詠みました。

かくすればかくなるものと知りながら
やむにやまれぬ大和魂《やまとだましい》

囚人移送の駕籠を一目見ようと騒いでいる群衆をよそに、松陰先生は敬意を表していた大《おお》石内蔵助《いしくらのすけ》の行動に自分を重ねていたのです。

松陰先生が短歌に詠んだ赤穂四十七士の男気は、しばしばテレビドラマになることから、無意識のうちに日本人の価値観になっています。

私たち日本人は弱い者が苦しんでいるとき、黙って見過ごすことができない気性を称えます。義を貫き、結果は従容《しょうよう》として受ける。これが日本人の生き方ではないでしょうか。

師佐久間象山《さくましょうざん》の励まし

伝馬町の牢屋敷に移された松陰先生は連日取り調べを受けましたが、壁一枚隔てた獄舎には、密航事件に連座したかどで、松陰先生の師である佐久間象山が幽閉されていました。

西洋砲術の専門家である佐久間象山は、オランダ語が読み書きできるので欧米の事情に明るく、木挽町《こびきちょう》で五月塾《さつき》という砲術塾を開いていました。

松陰先生が象山に密航計画を打ち明けたので、象山は持論を述べて賛成しました。

「西欧列強に伍《ご》し、わが国の美風を守るためには、彼らの技術を取り込んでわが国を強化しなければならない。この国は根本的な改革を必要としている。吉田君、大いに行きたまえ。そして日本を救うのだ」

これによって松陰先生は自分の企《くわだ》てに自信を持ちました。

象山は獄中で『孟子《もうし》』を読んでいて、一日に一度は次の節を大きな声を張り上げて読んでいました。

「天のまさに大任をこの人に降《くだ》さんとするや、必ずまずその心志《しんし》を苦しめ、その筋骨《きんこつ》を労《ろう》せしめ、その体膚《たいふ》を餓《う》えしめ、その身を空乏《くうぼう》にし、行うこと、その為《な》さんとするところに払乱《ふつらん》せしむ」

（天がある人に大きな任務を授けようとするとき、必ずまずその人の身心を苦しめ、窮乏《きゅうぼう》の境遇に置き、何を行ってもやることなすことうまくいかないような、苦境に立たせるのだ）

象山はそうやって自分を励ましていました。いや、おそらく象山は大声を張り上げてこの一節を音読し、松陰先生を励ましたのです。囚人同士は語ることが禁止されていたので、苦肉の策だったと思われます。

伝馬町での取り調べを受けた後、松陰先生は萩に移送され、野山獄に投じられるのですが、それ以降のことについては、第五章で書くことにします。

「広大な志を抱いた日本人と、同時代に生きるのは喜ばしい」

スティーヴンソンは『吉田寅次郎』の最後に、こう書いています。

「一言、付け加えておかなければならない。これは英雄的な一個人の話であるとともに、ある英雄的な一国民の話だということを見逃さないでほしいと願う」

つまりスティーヴンソンは正木の話を聞いて、松陰先生に興味を持つと同時に、日本民族の持つ資質に感銘を受けたのです。

スティーヴンソンはこう書き続けています。

「吉田のことを脳裏に刻み込むだけでは十分ではない。あの平侍（筆者注・金子重之助）のことも、日下部《くさかべ》（伊三治《いそうじ》＝薩摩藩士）のことも、熱心さのあまり計画を漏らしてしまった長州の十八歳の少年野村（和作《わさく》、後の靖《やすし》）のことも忘れてはならない」

何を言おうとしているかというと、松陰先生が伝馬町の牢獄に入れられ、取り調べを受けているとき、起きた出来事を述べています。

松陰先生は安政の大獄によって処刑される前日に書き上げた『留魂録《りゅうこんろく》』に次のような出来事を書き、弟子たちを励ましています。

「獄中で高松藩士の長谷川宗右衛門《はせがわそうえもん》と出会った。それぞれの左右は役人に固められており、囚人同士は話すことはできない。そこで長谷川はまるで独り言を言うようにこうつぶやいた。

『むしろ玉《ぎょく》となりて砕《くだ》くるとも、瓦《かわら》となりて全《まった》かるなかれ』

（正義や名誉のためなら、死をもいとわない。貴石が砕け散るように、いさぎよく死んでいこう。価値のない瓦のようにべんべんと生き残って生命を全うすべきではない）

『北斉書《ほくせいしょ》』の一節だ。長谷川はこうつぶやくことによって、自分の気概を述べたのだ」

スティーヴンソンは長谷川宗右衛門の気概に感嘆し、この民族は畏《おそ》るべしと思ったというのです。

私はスティーヴンソンの文章を読んで、改めて自分の中に流れている日本民族の血の濃さを知り、誇りに思いました。

スティーヴンソンはさらにこう書いて、文章を終えていました。

「このような広大な志を抱いた人々と同時代に生きてきたことは喜ばしいことである。宇宙の比率からすれば、イギリスからわずか数マイルしか離れていない日本で、私が日々のやるべき務めを怠っている間に、吉田は眠気を覚まそうと自ら蚊に刺され、自分を責めさいなんでがんばっていた」

私は世界の大文豪をここまで感動させていた松陰先生を誇りに思いました。将来、事業を成功させてしかるべき財を築いたら、スティーヴンソンと同じように、松陰先生の思想を世の中に喧伝《けんでん》する一助になりたいと思いました。

第二章

人生を創造するために大切なこと

「師と友」の大切さを教えてくれた安岡正篤《やすおかまさひろ》先生との出会い

私は昭和三十六年（一九六一）三月、富山県立富山高校を卒業し社会に出て、さまざまな経験を積みました。自分の人生をどうするのか、真剣に模索しているころ、歴代宰相の指南役といわれ、多くの人々に人生の師と仰がれていた安岡正篤先生（一八九八〜一九八三）が主宰される全国師友協会の機関誌『師と友』が目にとまりました。

安岡先生とは、日本が大東亜戦争に敗れて再出発するとき、天皇陛下が終戦を宣言した詔《しょう》勅《ちょく》に手を入れ、文章を整えた人です。

あとで知りましたが、全国師友協会の「師友」という名称は、安政二年（一八五五）、松陰先生が野山獄において、叔父であり師でもある玉木文之進の嫡男彦助《ちゃくなんひこすけ》の元服祝いに書いた『士規七則』から採ったものだそうです。

その第六則に「徳を成し、能力を花開かせるために、師や友ほど大切なものはない」とありますが、そこに由来しているそうです。この機関誌は人生の一番大切なことを教えてくれました。それ以来、私は安岡先生のいろいろな著書を読むようになりました。

安岡先生は戦前、金雞《きんけい》学院と日本農士学校という二つの学校を主宰されていましたが、その学校のテキストとして書き下ろされたのが『東洋倫理概論』です。これは戦後になって致知出版社から改題され、『いかに生くべきか　東洋倫理概論』として復刻されました。その中に「師と友」についてこんな記述があります。

師はわれに先んじて世路《せいろ》の艱険《かんけん》（生きて行く険しさ）と闘い、人生の理趣《りしゅ》を探り、英霊の高峯を極めつつある人である。友はわれと先後してその後に続いている者である。生物は単に生きるだけでも容易ではない。人身（人として生まれること）を受けることは実に不思議の因縁といわねばならない。

しかし人身を受けてもまた要するに人間という動物として生きるだけが実は普通《ただ》ならない苦労なのである。単に衣食するだけがすでに容易ならない努力を要するのである。

その上に道心を長養し、理想を欣求《ごんぐ》してゆくなどは、それこそ稀有至難《けうしなん》のことと言わなければならない。それだけに道を修める者の間にはおのずからまた骨肉の情とは異《こと》なった敬愛、いわゆる道情が通う。これは人間にとって骨肉的情愛よりさらに高次な心の作用である（もちろん真の骨肉の情は同時に道情を有《も》たねばならない）。われわれに親の無いことは堪えがたい不幸であるように、師友の無いことは最も深刻な寂寞《じゃくまく》（寂《さび》しいこと）である。

充実した人生を持つためには、優れた師と友を持つことが大切だというのです。自分を啓発してやまない先生や、競い合い励ましあう友だちによって、人生はもっと彩《いろど》りを増すのだと。

最近は安岡先生の講演の内容が出版されるようになりましたが、戦後しばらくは冊数も少なかったので、私は安岡先生の珠玉のような言葉がちりばめられている本を繰り返し読んだものです。明徳《めいとく》出版社から出されている『憂楽志《ゆうらくし》』にはこう書かれていました。

「佳書《かしょ》とは、それを読むことによって、われわれの呼吸・血液・体液を清くし、精神の鼓動を昂《たか》めたり、落ち着かせたり、霊魂を神仏に近づけたりする書のことであります。佳《よ》い食物もよろしい。佳い酒もよろしい。佳いものは何でも佳いが、結局佳い人と佳い書と佳い山水との三つであります。

しかし、佳い人には案外会えません。佳い山水にもなかなかあえません。ただ佳い書物だけはいつでも手にとれます。不幸にして佳人に会わず、佳山佳水にもあわずとも、佳書だけはあいたいものです。佳書によってわれわれはしみじみと自分自身と話すことができるのです」

そんな文章に励まされて、私はいっそう読書好きになりました。

ものごとに動じない心を学ぶ

そのうち、安岡正篤という先生に会ってみたいと思うようになりました。聞くところによると、東京・丸の内の日本工業倶楽部で毎月「照心講座《しょうしんこうざ》」を開き、そこで講義しておられるといいます。

早速照心講座に出席すると、安岡先生は「私の講義は優れた人々と交わって得たものです」と前置きして、約一時間半、実に多岐《たき》にわたって、歴史や古典、人物学、哲学などを語り、また折々の時事問題も論評されました。

さらに会場に朗々と響き渡る声がいいのです。深みがあって落ち着いていて、聴いているとただそれだけで心が休まります。いつも二、三百名の人たちが聴いていましたが、みんな同じ気持ちだったでしょう。

印象に残っているのは、安岡先生自身が心がけておられる心の持ち方についてこう話されたことです。

「どういう工夫をしたら、私たちの気持ちを雑にしないですむでしょうか。自分の気持ちを混乱させず、また沈滞させない工夫は何でしょうか。

これについては古人もいろいろ説いていますが、私は次のことを心がけております。まず、心中常に『喜神《きしん》を含む』ことです。神《しん》とは〝精神〟という使い方があるように、根本に深く根差した心の働きのことで、どんなに苦しいことに遭っても、心の奥のほうに喜びを持つことです。こういう姿勢でものごとに処していれば、その人の運勢はおのずから上昇気流に乗っていきます。

実際の例で言えば、人から謗《そし》られたり、あられもないことを言われたりすると憤るのが人情ですが、たとえ憤っても心のどこか奥のほうに、

『イヤ、こういうことも、自分を反省し錬磨する契機になる。この苦境で自分ができていく

のだ。それも結構じゃないか』
と思うことです。人が自分をけなすことも、心をむなしくして謙虚に耳を傾けたら、案外面白いことがあります。すると笑って対応できます。これが喜神を含むということです」
人生には確かに運勢というのがあります。それを取り込むためには、心中常に喜神を含むことが必要だというのです。これは私にとって貴重な学びとなりました。

安岡先生は「知命《ちめい》」「立命《りつめい》」についてもよく話されました。

「私は何をするために生まれてきたのだろう。私の天命は何だろう」

と悩むことが多かった私には、とてもためになりました。安岡先生は運命を受けて立ちなさいとおっしゃいました。

「運命は誰のせいでもなく、それぞれの人に付与されているものです。だから、なぜ？　と疑っても仕方がありません。

おれは誰のせいでこんな貧しい家に生まれたのかとか、おれはなぜこんなに愚かに生まれついたんだとか、恨《うら》むことくらい意味のないことはありません。それこそ妄想《もうそう》です。

いま現在、富貴《ふうき》な状態にあるのであれば富貴にふるまえばいいし、貧しい状態にあるのであれば、貧しいようにふるまえばいいのであって、不平を言うことも愚痴をこぼすこともない。ただ受けて立つだけです。その環境でベストを尽くせば、道はおのずと開けていきます」

逃げない。

愚痴をこぼさない。

そこで最善を尽くす。

そうすればものごとに動じない自分ができていくのです。人生に立ち向かうこの姿勢は、銚子丸で若い人たちに折に触れて語っています。

自分をどうつくっていくのか、どう生きていくのかを考える

どうやって自分をつくっていくか、誰しも考えます。それについて安岡先生は明瞭な考えを持っていました。つまり今生きている時代の優れた人物に学ぶことだというのです。

同じ時代ですから刺激になります。啓発されて、自分ももっと努力しようという気になります。

そうやってお手本にすべき人物を探すと、必然的に時代をさかのぼって優れた人物を探すようになります。つまり本を読むようになります。偉大なる人物の面目が躍如《やくじょ》としている本は私たちに心の糧《かて》を与えてくれます。その点、古典というものは歴史の篩《ふるい》にかかっているから、とくに力があります。

過去に生きた人物の人生を大所高所から眺めると、人生で起きるさまざまな出来事は、幸か不幸か、人間の愚かな目では簡単にわかるものではないということがよくわかります。私たちは目の前で起きている出来事に気を奪われて、動転してしまいます。でもそんなときこそ長い目で見て、今日の務めをこつこつと果たすことが大切だとわかります。読書は宇宙の知恵を自分に取り組む方法です。

私が多少なりとも読書するようになったのは安岡先生のお陰ということができます。

どう生きるかを模索していた私にとって、安岡先生や照心講座は刺激の源でした。あるときは江戸時代後期の儒学者で、『日本外史』を著《あらわ》して幕末の志士たちに大きな影響を与えた頼山陽《らいさんよう》（一七八〇～一八三二）が十四歳のときに詠んだという漢詩「述懐《じゅっかい》」を紹介されました。

十有三春秋《じゅうゆうさんしゅんじゅう》
逝《ゆ》くものはすでに水のごとし
天地始終《しじゅう》無く
人生、生死有り
いずくんぞ古人に類《るい》して
千載青史《せんざいせいし》に列《れっ》するを得ん

(私は生まれてから、すでに十三回の春秋を過ごしてきた。水の流れと同様、時の流れは元へは戻らない。天地には始めも終わりもないが、人間は生まれたら必ず死ぬときがやってくる。私は何としても、昔の偉人のように、千年後の歴史に名をつらねたい)

「立志の詩」として有名なこの漢詩は、頼山陽が数え年十四歳でつくったものだそうですが、述べている内容に驚きます。

タイトルの「述懐」とは「思いを述べる」の意ですが、はたして現代の十四歳の少年がこの詩の作者ほどの見識を持っているでしょうか。

武士の教育のすごさは、わずか十数歳の少年の甘えをそぎ落として、覚悟を決めさせていることです。頼少年も見事に脱皮したようです。

「天地には始めも終わりもないが、人間は生まれたら必ず死ぬときがやってくる」の一文は、とても十四歳の少年の感慨とは思えません。頼山陽が十四歳でこう詠んだとは、やはり不世出の人物でしょう。

しかし考えてみれば、こうした志なしには千載に名前を残すほどの仕事はできなかったに違いありません。その意味でも「志を持つ」ということの意味を改めて自覚せざるを得ません。

私たちに与えられた貴重な人生を取りこぼさないためには、人生で何を達成したいのかという〝志を立てる〟ことが大切です。私は自分自身の経験から、銚子丸をいっしょにつくってきた〝銚子丸人〟に「志気《しき》の愚《ぐ》」ということをしばしば言います。

小さなことでもいい。自分にできることは何かを見つけ、志（目標）を立てて、燃える情熱をもって、実現するまで千回でも二千回でも愚直に続けようと、会社の人たちに訴えてきました。

私にとって、独立してやり始めたおもちゃ屋も持ち帰り寿司店もラーメンチェーンも「回転寿司ＡＢＣ」も、すべて「すし銚子丸」に行きつくための貴重な過程でした。

どうしたらお客さまの満足をいただけるか、二十一年間試行錯誤をくり返した末に「すし銚子丸」が生まれ、その後もどうしたら「お客様から感謝と喜びを頂く」ことができるか、愚直に工夫を重ねて今日に至りました。

「自分に返る」ことこそが、人生に処する態度

安岡先生は自分というものを実によく見ている人でした。宇宙の理法など高邁《こうまい》で深遠な真理についても述べられますが、日常の心の動きをどう是正すべきかについても、細かく述べておられました。おそらくご自分の工夫の結果、私たちに「こうしたらいいよ」とアドバイスされたのだと思います。

その一つが「自分に返る」、自返《じはん》という考えでした。安岡先生はまるで薫風《くんぷう》が吹いているような態度で、こうおっしゃったものです。

「人間が外にばかり目が奪われて、静かな内面生活を見失いがちであるのは、現代のもっと

も深刻な問題の一つです。人は何か問題が起きたとき、原因を追及します。誰それが悪い、トラブルの原因はあれだこれだと考えて、相手の非を責めるものです。

でも、そうじゃない。誰かれを責めるのではなく、自分に立ち返って考える。そうするとトラブルを通して、逆に自分が深められ、高められていきます。そうやって本当の意味でみんなを統括《とうかつ》していける自分ができていきます。そういう充実した個人の上に、会社や社会や国家ができあがったとしたら、これほど強いものはありません。実はそうした自返という考え方が『論語』や『孟子』の根本精神なのです

「自返」こそが東洋精神の一番の基本だと知り、またどんなことが起きても、みんな自分のこととして対処するようになって、私の腹がすわりました。「自分に返る」という考えがどれほど私の経営を支えてくれたかわかりません。そしてこの精神こそが〝銚子丸人〟の根幹です。

外食産業は変転極まりない産業です。浮き沈みの多い事業ですが、そのたびに安岡先生がおっしゃっていたことを思い出します。

「成功は常に苦心の日にあり。敗事《はいじ》は多く得意のときによる」

どうしたらいいか、悩んで悩んで、工夫して工夫して、問題が解決したときほどうれしいことはありません。逆にうまくいって、いい気になっていると足元をすくわれて、どんでん返しをくってしまいます。

結局これは心の弱さをどう克服するかという問題です。

成功は、「志」×「考え方」×「情熱」×「能力」によって得られます。「能力」とは「己に打ち勝つ」ことです。このことを自覚していないと、すべての努力が無に帰してしまいます。

このように、安岡先生の学びとともに、私の事業は伸びていきました。銚子丸はそれぞれの能力を花開かせる人間道場なのです。

すべては思いから始まる

◎野口英世に憧れ、在宅医療システムを構築した医師、武藤真祐《しんすけ》さん

話は変わりますが、東京を拠点にして在宅医療システムを構築しつつある祐《ゆう》ホームクリニックの武藤真祐理事長の取り組みは、自分の志気を養うのにとても参考になるので紹介します。

いま日本は六十五歳以上の高齢者が総人口の二四パーセントを占めるまでになっています。平成四十二年（二〇三〇）には三〇パーセントを超え、病院の不足によって五十万人が死に場所を失うと懸念されています。人生の最期を支える医療が足りなくなるのは火を見るよりも明らかです。

この問題を解決するのが在宅医療で、そのシステムづくりで開拓者の役割を果たしているのが、武藤理事長です。

祐ホームクリニックは現在都内の文京区千石、練馬区平和台、墨田区吾妻橋《あずまばし》など三拠点に医師三十人とほぼ同数の看護師、アシスタント、事務職を揃え、都内八区とその周辺をカバーしています。その後、宮城県石巻市《いしのまきし》にも一拠点増やしました。

都内には千五百軒ほどの在宅医療のクリニックがありますが、医師一人でやっている小規模のものがほとんどで、その医師が高齢になり、彼らの奮闘も先が見えています。ところが祐ホームクリニックは在宅医療をシステム化し、二十四時間三百六十五日、きめ細かに対応するネットワークを作りつつあるのです。

武藤理事長は東京大学医学部で学び、東京大学医学部附属病院では心臓カテーテル手術などを手がける循環器内科のスペシャリストとして鳴らし、天皇皇后両陛下の侍医も務めました。

ところが訪問診察のため、ある一人暮らしの高齢者が住むアパートを訪ねたところ、その部屋はゴミの山で、それに埋もれるように暮らしていました。

武藤理事長はそれまで大病院で外来や入院患者しか診《み》ていなかったので、高齢者社会の現実を見せられてショックを受けました。診察をし、薬を出すだけで終わってもよかったのですが、何とかしたいと思いました。

調べてみると、在宅医療は誰もが願っていることながら、全く手が付けられていませんでした。そこで武藤理事長は戦略コンサルタント企業であるマッキンゼー・アンド・カンパニーに転職し、IT化とマネジメントを学び、在宅医療の近代化に乗り出しました。そして先のようなシステムをつくり上げたのでした。

現在はさらに発展して、富士通と共同で研究を進め、クリニックと訪問看護ステーション、介護施設、個々の患者の家庭とを結び、在宅医療と介護情報の共有を図っています。

これらのことが可能になったのは、武藤理事長が独居老人を見て、何とかしたいと思ったことからでした。六歳の頃、野口英世に憧れ、困っている人を助けることを志して医師になって以来の大きな出来事でした。

すべての始まりに現状を受け止める感性があり、それを何とかしたいという思い（志）が、未知の分野を開拓して、在宅医療と訪問介護を一体化させていったのです。

◎真理を見抜く感性を持っていた京セラ創業者、稲盛和夫さん

「すべては思いから始まる」ことを改めて教えられたのは、京セラ創業者の稲盛和夫さんの著書『生き方』（サンマーク出版）からでした。

稲盛さんがまだ会社を立ち上げたばかりのころ、「商売の神様」と呼ばれたパナソニックの創業者、松下幸之助さんの講演を初めて聴かれたそうです。松下さんはダム式経営の話をされました。

「ダムを持たない川というのは大雨が降れば大水が出て洪水を起こす一方、日照りが続けば涸れて水不足が生じます。だからダムをつくって水をため、天候や環境に左右されることなく水量を常に一定にコントロールする必要があります。

それと同じように、経営も景気のよいときこそ景気の悪いときに備えて蓄えをしておく、そういう余裕のある経営をすべきです」

それを聞いて、何百人という中小の経営者が詰めかけた会場に、失望がさざ波のように広

がっていくのが、後方の席にいた稲盛さんにはよくわかったそうです。

「何を言っているのか。その余裕がないから、みんな毎日汗水たらして悪戦苦闘しているのではないか」

そんなつぶやきやささやきがあちこちで聞かれました。やがて講演が終わって質疑応答の時間になったとき、一人の男性が立ち、こう不満をぶつけました。

「ダム式経営ができれば、確かに理想です。しかし現実にはそれができない。どうしたらそれができるのか、その方法を教えてくれないことには話にならないじゃないですか」

これに対し、松下さんはその温和な顔に苦笑を浮かべて、しばらく黙っておられました。それからポツリとつぶやかれたのです。

「そんな方法は私も知りませんのや。知りませんけども、ダムをつくろうと思わんとあきまへんなあ」

今度は会場に失笑が広がりました。答えになっているとは思えない松下さんの言葉に、ほとんどの人は失望したようでした。

しかし稲盛さんは失笑もしなければ失望もしませんでした。それどころか、体に電流が走るような大きな衝撃を受けて、なかば茫然《ぼうぜん》とし、顔色を失いました。松下さんのその言葉はとても重要な真理をつきつけているると思えたのです。

この話を読んで、私は稲盛さんの感性はさすがだなと思いました。

先程の武藤理事長の話も「一人暮らしの高齢者の在宅ケアを何とかしたい」と思ったのがすべての始まりでした。それを実現するため、医者として最高の栄誉である天皇皇后両陛下の侍医も東大病院も辞め、マッキンゼーに入ってマネジメントを学び直し、祐ホームクリニックを立ち上げ、在宅医療と訪問介護をドッキングさせた現在のシステムをつくり上げたのでした。

私はそうした例に学びながら、銚子丸の進化・深化・新化を図っていきました。

◎人に笑われたことを達成し続けている、イチロー選手

平成二十八年六月十六日、マイアミ・マーリンズのイチロー外野手がカリフォルニア州サンディエゴのペトコ・パークで日米通算四千二百五十七安打目を打ち、ピート・ローズが持っていたメジャー最多安打記録を抜いたニュースが伝わってきました。

日本で千二百七十八本、アメリカで二千九百七十九本、安打を打ち、この調子でいけば夏の終わりまでには、輝かしい金字塔を打ち建てるでしょう。

イチロー選手がパドレス戦が終わったあとの記者会見で、こう述べていたのが印象的でした。

「ぼくは子どものころから、人に笑われてきたことを常に達成してきたという自負があります。たとえば小学生のころ、毎日激しい練習をしていると、近所の人から『あいつ、プロ野球選手にでもなるのか』と笑われていました」

体も小さくてやせていたから、とてもプロ野球選手にはなれないと誰もが思っていたのです。

イチロー選手は小学六年生のときの作文に、「(小学) 三年生の時から今までは三百六十五日中三百六十日は激しい練習をやっています。だから一週間中で友達と遊べる時間は五、六時間です」と書いていたそうです。

下校後は父の宣之《のぶゆき》さんと近所の公園で五十本の投球練習をし、二百球のティーバッティングを日が暮れるまで黙々とこなしていました。

高校時代は愛知県の名門・愛知工業大学名電高等学校で二度甲子園に出場しました。公式戦では打率十割という目標を立てていましたが、みんなできるはずがないと笑っていたそうです。ところが打率は、信じられないことに八割に達していました。

平成三年（一九九一）、オリックスに入団したとき、目標を「首位打者」と言ったので、また笑われました。しかしそれも達成しました。

平成十三年（二〇〇一）、日本人初の野手メジャーリーガーとして、シアトル・マリナーズに入団しました。ここでも「首位打者になってみたい」というイチロー選手を、マリナーズの番記者たちは一笑に付したそうです。ですが初年度から二百四十二安打を打ち、しかも十年連続二百本安打を達成し、首位打者に二度輝いたというから驚きです。

イチロー選手は本番の試合よりも、それまでいかに準備したかということを大事にしているそうです。自宅にもトレーニングマシーンを置いて、四十二歳になったいまも体力と動体視力の維持に並々ならぬ努力を傾けているといいます。

平成二十一年（二〇〇九）、第二回ワールド・ベースボール・クラシック（ＷＢＣ）を二連覇したとき、原辰徳《はらたつのり》監督はイチロー選手のことをこう評しました。

「イチローほど繊細な選手はいない。ただイチローにはその繊細さの先にとてつもない技術がある。その技術という裏付けがあることに、イチローがイチローである所以《ゆえん》があります」

夢を持ち目標を定めたら、その実現に向けてコツコツ努力する。それをしているから、イチロー選手は前人未到の記録を達成できたのだと思います。私は劇団員にいつも言います。

「志を抱き、目標を定めたら、その実現のためにひたすら努力しよう。水面下でのひたすらな努力があってこそ、結果が出るんだ。イチロー選手はそれを、身をもって示してくれたよね」

私たちは身近に刺激してくれる人を持って幸せです。宮本武蔵は「我れ以外みな我が師」と言ったそうですが、実は身の回りには師匠がたくさんいるものです。

◎ITベンチャーの雄、ドワンゴ会長、川上量生《のぶお》さん

世の中には社会の潜在的なニーズを敏感に読み取り、それに対応したシステムをつくり上げて、事業化に成功した人が大勢います。

会員数が四千三百三十六万人という超巨大サイトに成長したインターネットの動画共有サイト「ニコニコ動画」は、配信を開始したのが平成十八年（二〇〇六）ですから、十年前は萌芽しかありませんでした。

それがわずか十年でここまで成長したのは、人々のニーズをみごとにすくい得たからにほかなりません。この「ニコニコ動画」を運営するのは株式会社ドワンゴの川上量生会長です。

「ニコニコ動画」の最大の特徴は、映像の上を文字が走るコメント機能です。動画の閲覧者

が感想や意見を投稿すると、右から左にコメントが流れます。コメントの表示はリアルタイムで、多数の閲覧者が同時にコメントすると、画面が文字で埋め尽くされてしまいます。まるで弾幕が張ったように見えるので、これを「弾幕」と呼ぶそうです。この現象が現れると、多くの閲覧者があり、盛り上がっているという証拠です。

現在、「ニコニコ動画」には二十代の約八割が加入しているそうで、投稿できるジャンルは実に多岐に及びます。たとえば「歌ってみた」という名物ジャンルでは、ユーザーが好きな歌を歌って投稿しています。誰もが即座に歌手になれ、全国に配信されるからしびれます。同じように人気なのが「踊ってみた」で、ユーザーがプロ顔負けのダンスを披露して、拍手喝采《かっさい》を得ています。全国に配信されるだけでなく、即座にコメントをもらえるのですからたまりません。あるいは「作ってみた」というジャンルでは、素人とは思えない映像作品がアップされ、腕を競い合っています。

ユーザーの投稿動画数は二千万本を突破しています。サイトは「双方向」で、「自分も参加できる」というところが受けた理由でしょうか。

「ニコニコ動画」は青い髪をしたバーチャルアイドル「初音《はつね》ミク」を生み出し、社会現象にまでなりました。一般のユーザーが自作の曲に初音ミクのイラストを付けて投稿し、その数は一万以上となりました。その後、初音ミクはバーチャルな歌手なのに、有名ミュージシャンとコラボしてCDを出したり、ゲームのキャラクターになったり、大手企業のCMに起用されるなど、引っ張りだこになりました。

その現象は海外にまで及び、ロサンゼルスでライブを開催するなど、海外進出を果たし、地球規模の一大センセーションを巻き起こしています。

ところがスタート当初は、ネット配信ビジネスはサーバーなどインフラ整備に莫大な経費がかかる上に、「ネットは無料が当たり前」という意識が強いので、ビジネスになりにくかったのです。

暗中模索の末に川上会長は「ニコニコ動画」の会員に無料の一般会員と、月額五百四十円のプレミアム会員を設けました。サイトにアクセスが集中したとき、無料の一般会員ははじき出されて、プレミアム会員しか観られないようにしたのです。ユーザーにしてみれば、のめり込むようにして観ていた動画からはじき出されて観られないというのは悔しいです。月額五百四十円払ってでも観たいという気になります。

この差別化が当たってプレミアム会員が増え続けて二百五十六万人（二〇一六年三月末現在）を超え、その売り上げだけで年間百五十億円以上を稼ぎ出すようになりました。

つまり問題に対して、「どうしたらいいか」という問いかけが常になされ、その結果「プレミアム会員」というアイデアが出て、ようやく軌道に乗り、ビジネスモデルが確立したのです。

銚子丸のスタンダードカラー〝赤〟は本書のカバーにも使いましたが、「燃える情熱」「すぐやる」「必ずやる」「できるまでやる」を表しています。一つの難題に直面したとき、燃える情熱をもって取り組み、必ずやり遂げると誓い、できるまで愚直にやり続けてこそ、結果が出るものです。川上会長の「双方向」という着眼点はわが社にも多大なヒントを与えてくれました。

第三章
理念が人と組織を強くする

〝腐らない商品〟はあるのか？

日本の消費は昭和三十年代の後半から飛躍的に伸び始めました。流通が大幅に整備されており、これからはスーパーが伸びると予想されました。

昭和三十九年（一九六四）六月、私は協同組合日本セルフチェーンに入社し、自分のスキルを磨きました。その後、スーパーのボランタリー・チェーンの仕入れ部長を務め、昭和四十七年（一九七二）、現在銚子丸の代表取締役会長でもあるヒロ子さんと結婚しました。彼女はすでに中学生のとき、いずれ経営者になって自分の人生に金字塔を打ち建てようと思っていたそうで、独立起業は私たち二人の暗黙の了解事項でした。

結婚後も家内は二年ほど働いており、二人の給料の半分を独立資金として貯金しました。私は仕入れ部長として食品を扱っていたので、生ものの商品は在庫となると廃棄せざるを得なくなるという経験を嫌というほどしていました。そのため、在庫を抱えても〝腐らない商品〟を扱ったほうがいいと考えていました。

私も家内も読書家です。そこで書店はどうかと考え、見つけてきた物件にテナントとして入ろうと計画しました。出版物の取次販売の大手、東京出版販売（現株式会社トーハン）に勤めている知人にリサーチしてもらうと、「立地は書店には適していないが、おもちゃ屋ならいけるかも」という返事でした。

そこで事業の経験を積むためにもと、おもちゃ屋から始めることにし、会社名を「株式会社オール」としました。伸びそうな事業だったら何でもやるという意気込みでつけた名前です。私が三十六歳のときでした。

おもちゃはクリスマスと正月が稼ぎどきです。三人のパートを雇って、クリスマスイブには一日に五十五万円、翌日には四十万円売り上げました。ところがクリスマスシーズンを過ぎると、売り上げは一挙にダウンし、七万円まで落ち込んでしまいました。正月の松の内は、二十万円、三十万円と持ち直しましたが、それを過ぎると、再び一日五万円、六万円と落ち込みました。

経験してわかったことは、おもちゃはテレビのＣＭに左右されやすく、ブームのときは在庫がなくなるほど売れるが、補充がしにくく、しかもブームが去ると在庫の山となるむずかしさがあるということでした。やはり〝賞味期限〟があったのです。それで次の商売を探さざるを得なくなりました。

日曜日になると、人がたくさん集まる場所を歩いて、次に始める事業を探しました。ところがヒントは意外に近いところにありました。

外食産業への挑戦

一九七〇年代に入ると社会全体が豊かになり始め、「ケンタッキーフライドチキン」「ミスタードーナツ」「マクドナルド」「デニーズ」などのアメリカ発の外食企業が上陸し、人々は外食を楽しむようになりました。私たちも「デニーズ」や「すかいらーく」でハンバーグステーキを食べるようになりました。その近所に持ち帰り寿司「太郎すし」の店があり、結構流行《はや》っていたので、とても目につきました。

そこで「太郎すし」のフランチャイズチェーン（ＦＣ）本部で説明を受け、参加を決めました。ＦＣなら自分たちでネタの仕入れに苦労することはなく、出店場所さえ確保すれば、簡単に始められます。

昭和五十四年（一九七九）五月、千葉県八街《やちまた》市の駅前に店を開きました。この店がヒットし、ＦＣ加盟店中二位の売り上げを記録するまでになりました。大きな手応えを感じた私は、わずか一年の間に四店舗開店しました。

また独自の事業として「ＡＢＣラーメン」、和食の「芭蕉庵《ばしょうあん》」を始め、さらに昭和六十二年（一九八七）四月には「回転寿司ＡＢＣ」を始めました。

このころ入社した人に嶋田幸子さんがいます。嶋田さんは退社するまでの二十八年間、ともにがんばってきた人です。嶋田さんが入社して驚いたのは、店長会議が活発だったことだそうです。

「女性店長たちの『こうしたらお客さまにもっと受けると思います』という提案が活発で、会議の活気には目を見張りました。それを堀地ファウンダーや堀地ヒロ子会長が聴く耳を持ってうなずきながら聞いておられたのが印象的でした」

ＦＣの持ち帰り寿司店の経営はさほど苦労はありませんでした。商品の具材はＦＣ本部から届き、お店ではパートの女性たちが寿司にして商品をつくります。しかし、お客さまから「こんなお寿司はできないの？」と言われても、お店（フランチャイジー）はＦＣ本部から指示されたメニューしかつくれません。

ＦＣ本部にお客さまのニーズを上げても、「メニューは本部で考えますから」と言って、取り合ってくれません。ＦＣ本部の人はお客さまとじかに接しているわけではないので、お客さまの嗜好《しこう》の変化を読むことができません。「ニーズは現場にあり」と言いますが、現場から離れてしまった事業が伸びていくはずはありません。

「こんな工夫をすれば、もっと多くのお客さまに来店していただけるのに」

「こんな商品を開発すれば、もっと多くの子どもたちに食べてもらえるのに」

アイデアがどんどんわいてきます。でもそれが叶えられないので、フラストレーションが溜まっていきました。私はＦＣの限界を感じ、やむなくフランチャイジーを脱退し、独自に「花すし」という持ち帰り寿司を始めました。

前述したようなお客さまの意向を取り入れて商品づくりの工夫をしたので大変ヒットし、最終的には茨城県まで進出し、十七店舗を運営するようになりました。商品づくりにはお客さまや現場の意見を取り入れることがいかに大切か、これらの経験から教えられました。このとき、気づいたことが「すし銚子丸」の経営にとても生きています。

働く人を大切にすることは、お客さまを大切にすること

私たち夫婦はともに働いてくれる人一人ひとりを大切にしてきたつもりですが、嶋田さんはこんなことを言ってくれました。

「堀地ヒロ子会長は各店舗を回るとき、車にパンやカップラーメンやどら焼きなどを満載して行かれます。『腹が減ったら戦《いくさ》はできないよね』と言いながら配られるので、みんな大喜びでした。お正月にはみんなに自店で作った〝おせち〟を配り、繁忙期が終われば、勤続年数に応じて記念品を渡し、讃《たた》えてくださいました。そういうふうに働く人一人ひとりを大切にされていました。それが今日では年三回の感謝金（銚子丸では賞与をボーナスとは呼ばず、劇団員への感謝を込めて、『感謝金』と呼んでいます）と年明けのおもち代の支給、がんばった人には一週間の海外研修賞が贈られるなどの報奨制度に発展しています」

「すし銚子丸」はお客さまに元気になっていただくためのお店です。そのためには、劇団員一人ひとりが喜んで仕事をしていなければなりません。働かされているという意識では、とてもお客さまを歓待する気持ちにはなれません。だから給料や報奨制度を充実させ、ここで働いてよかったと思ってもらえるよう努力しています。

毎年、年末年始の繁忙期を乗りこえたころに開催する「文化祭」は、単なる新年会ではなく、先の述べた〝銚子丸の文化〟である「報い・認め・讃える」を劇団員同士で実践し、理念の実現を誓い合う場です。だから「文化祭」と銘打って劇団員が自分たちで企画し、受賞者を全力でもてなします。

こう述べると、事業は順風満帆で伸びたように見えます。ところがそうではありませんでした。持ち帰り寿司「花寿司」は十七店舗まで増えましたが、そのほかの事業は一、二店舗止まり、「回転寿司ＡＢＣ」は七店舗で頭打ちになっていました。

売り上げを伸ばすためにいろいろな手を講じましたが、うまくいきません。年商十億円の壁を越せず、どうしたらいいのか迷うばかりでした。この時代は私の本当の眼が開くための、七転八倒の時代だったように思います。

「私達の『真心』を提供し、『感謝と喜び』を頂くことを
私達の使命と致します」

何とか現状を打破しようと、成功のヒントを求めて、平成九年（一九九七）五月、アメリカ外食産業の視察旅行に参加しました。そのとき、同じ外食産業のハンバーガー・チェーンの創業者がご自分の経験談を話してくださいました。

「ハンバーガーの売り上げが伸び悩んでいたとき、私たちは徹底して理由を突きつめました。私たちは何のためにハンバーガーを売っているのか、目的を再度確認しました。もちろん、おいしいハンバーガーを食べたいというお客さまの要望に応えるためです。

ところがその一番基本的なところがいつのまにか曖昧《あいまい》になり、利益を上げることに一生懸命になっていたのです。売り上げが下がっている一番の原因はそこにあるのではないかと気づきました。お客さまの喜びが先であって、それに奉仕するためにハンバーガーを提供しているはずだったのに、いつしか本末転倒になっていたんです。そこに気づいたので、もう一度商品を見直し、店舗のインテリアもリニューアルすると、売り上げは再び伸びていきました」

私も従来のやり方でいいんだろうかと悩みに悩んでいたので、この方の体験談は心に新鮮に響きました。やっぱり一番基本的なところで心得違いをしていたのです。

それは薬の販売にたとえるとよくわかります。薬局は薬を売るのが目的ではなく、お客さまの病気を治すために薬を売っています。ところが本末転倒になって、薬を売って利益を上げることが主になってくると、お客さまの足はだんだん遠のき、結果として利益は下がっていきます。

寿司を例にとって、極端な言い方をするとこうです。マグロの握り寿司をつくるとき、少しでも利益を出そうとして、本来十五グラムのネタを十三グラムに減らしたとします。計算上は減らした二グラムが利益となるはずです。ところが実際はどうかというと、だんだんお客さまが来なくなり、売り上げも利益も減っていきます。これが利益を追いかける商売の行きつく先です。

では逆に十五グラムのマグロの握りを二十グラムに増やしたどうでしょうか。それを「回転寿司ＡＢＣ」で実行に移してみたら、お客さまの数が増え、売り上げも利益も伸びました。

企業にとって大切なことは利益を追うことではなく、お客さまの利益のために何をすることができるかです。このことに気づき、「私達の『真心』を提供し、お客様の『感謝と喜び』を頂く」ことを大原則とすることに切り替えました。つまり、私たちの理念を明確にし、それにそぐわないことはしないと決めました。

事業は「徳業」でなければならない

安岡正篤《まさひろ》先生はこのことを、『東洋人物学』（致知出版社）の中で「徳業《とくぎょう》」という表現で次のように指摘されています。

「徳業という言葉も味わわなければならない。ただわれわれが欲望や才能でやっていることは、これは事業です。その事業にその人の人間内容が出てはじめて徳業になる。

誰がやってもやれること、たとえば大会社の役員の誰かが交替したとしても、仕事が機械的にやってゆけるようなのは、これは事業。この事業にその人間の尊い内容、命がにじみ出ておって、これを抜いたらその仕事に生命がなくなってしまうようなのを徳業という」

単なる事業でしかなかったものが、その人の命がにじみ出ると「徳業」に変わるというのです。そのことに気づかず、私はずいぶん遠回りしてしまいました。

アメリカ視察旅行の一行に、関西で回転寿司店を十二店舗ほど出店して大成功している人がいました。帰国して家内といっしょに見に行くと、いままでにない新しいタイプのお店でした。それまでの回転寿司店はカウンター式でしたが、そのお店は六人がけのボックス席が用意されていて、いわばお寿司のファミリーレストランでした。

なるほど、これはいいアイデアです。従来のカウンター式は、子ども連れの家族には不向きでした。背もたれのない椅子は小さなお子さんには座りづらいし、目の前のお皿も取りにくい。家族で和気あいあいの団欒《だんらん》もできません。

しかしボックス席なら、小さいお子さんもお年寄りも楽に座れます。

しかもこの店は一皿百円のパターンにしばられず、ネタの種類によっては百五十円や二百円の皿もありました。それぞれのお皿の色を変えることで、お客さまに簡単にわかるよう配慮していました。

お客さまの嗜好《しこう》は変化しつつあったのです。一皿百円にこだわるべきではありません。お客さまは財布に余裕があるときは、おいしいものを食べたいのです。私の頭にランプがともりました。

回転寿司でありながら、板前が握る本格的な寿司を提供できたら、お客さまが喜んでくださるのではないかと閃《ひらめ》いたのです。こういうふうにして、その当時にはなかった「グルメ回転寿司」の構想がだんだん形をなしていきました。

ベンチマーキングして優良企業の良さを学ぶ

一方、私は参考にすべき優良企業をベンチマーキングしました。ベンチマーキングとは、その昔、靴職人が修理の際にお客さまの足を台《ベンチ》に載せて足の形をなぞり、マークを付けて靴型をつくっていたことに由来しています。そこから、ある企業の製品、サービス、プロセス、慣行を継続的に測定し、自社のそれと比較・分析することを指すようになりました。単位あたりのコスト、生産性、サイクル時間、欠陥数などを自社の数字と細かく比較するのです。

伸びていく会社はそれまでの常識をくつがえすだけのものを持っています。

取引先企業からジャスト・イン・タイムに部品が納入されるトヨタ、商品への徹底したこだわりによって今日の質をつくり上げたセブン－イレブン、衣料品における流通革命を起こしたユニクロ、ディズニーリゾートがスタッフをキャストと呼ぶ考え方、カスタマーサービスの充実によって全米屈指の高級デパートチェーンになったノードストロームなどは、私が新たな回転寿司を模索する中で注目した企業です。

また、魚の仕入れについても見直しました。

「寿司ネタの魚はどこにいますか？」

と訊くと、たいがいの人は魚市場と答えます。

いや、そうではなく、魚は海にいるのです。漁師はそれを獲って魚市場に持ってきます。だから漁師が獲った魚を、市場を通さずに直接仕入れて各店舗に運んだら、新鮮な魚を安い値段で提供できることになります。

地方の産地はブランド力をつけようとして躍起ですから、高級ブリや本マグロなど、めったに手に入らない高級食材を産地から直接運んで、「すし銚子丸」で産地の名前を冠して提供すれば、産地の評判もよくなるから、産地にとってもメリットがあります。

おいしい寿司は鮮度に尽きます。だから冷凍物は極力使わないことにしました。ネタの鮮度を守るために、魚は一本丸ごとの仕入れに切り替え、当日の仕入れは当日売り切りを徹底しました。鮮度をアピールするため、各店舗に水槽を用意し、活魚を泳がせました。

銚子港をはじめとする全国の漁港から水揚げされた魚はその日のうちに、お店でさばけるようにしました。ネタの種類によっては冷凍物もありますが、解凍したネタはその日に使い切るようにし、再冷凍はご法度《はっと》にしました。

つまり、私たちのライバルは安いことが売りの回転寿司ではなく、江戸前寿司店です。昔、回転寿司はロボットでも握れると揶揄《やゆ》されたものですが、その回転寿司からコストパフォーマンスを学び、カウンターの中で寿司を握る大将がいる江戸前寿司店を演出しようとしたのです。そこにあったのは、「わが社が新しい寿司文化をつくるのだ」という使命感でした。

こうして新機軸を模索し、それまで百円寿司を食べなれた人が価格の高い皿を食べても「値段以上の価値がある」と思っていただけるよう工夫し、改善していきました。

流通革命をおこしてグルメ回転寿司が誕生！

従来の回転寿司は冷凍の切りネタを多く使っています。冷凍の切りネタはセントラルキッチンと呼ばれる、集中調理施設の加工場で魚をさばいて切り身にし、寿司を握る直前の状態まで仕込み、十個から二十個という使いやすい単位で急速冷凍してつくります。

お店では必要な分だけ解凍し、機械で握ったシャリの上に載せて提供するだけなので、素人でもできます。また、魚が安い時期に大量に仕入れて加工し冷凍するので、仕入れや値段を安定させられるというメリットもあります。回転寿司が急速に普及したのは、こういう理由があるからです。その代わり、旬のものが持つおいしさを犠牲にせざるを得ませんでした。

それまで「回転寿司ＡＢＣ」を経営していて、そのことはよくわかっていたので、流通経路を単純かし、迅速に輸送するルートをつくり上げることに懸命になりました。それさえ実現できれば、あそこの寿司はおいしい！　と評判になるはずです。

グルメ回転寿司、成功への確信

そして平成十年（一九九八）十月、千葉県市川市に新機軸のグルメ回転寿司「すし銚子丸」の一号店をオープンしました。

「すし銚子丸」の暖簾《のれん》を潜《くぐ》って席に着くと、「本日の心づくし」というホワイトボードが目に入ります。ここに本日の新鮮なおすすめメニューの産地、アイテム、値段が書かれており、まさにこれこそが銚子丸の〝売り〟です。たとえば手書きでこう書いてあります。

本日の心づくし

愛媛	しまあじ	活〆	四二〇円
大分	かます	旬	二八〇円
長崎	はまち	美味	二五〇円

鳥取　まあじ　新鮮　二五〇円
福岡　いさき　おすすめ　三〇〇円

愛媛県の佐田岬《さだみさき》半島と大分県の佐賀関《さがのせき》の間には豊予《ほうよ》海峡があり、海流が速いことから速吸瀬戸《はやすいのせと》とも呼ばれています。この急流に住む関アジ、関サバは第一級の食材です。愛媛産のシマアジは関アジと同等の食材です。よくぞこの値段で食べられるものだ、ラッキーと思ってしまいます。業界の人は「回転寿司の値段で、こんな魚が出せるはずがない」と思うでしょうが、それを銚子丸はやり遂げたのです。

よその寿司店で十年もやってきた熟練の板前が銚子丸に移ってきてまず驚くのは、寿司ネタとして定番の魚から、いままで扱ったことがない稀少《きしょう》な魚や、見たこともない珍しい魚まで、丸ごと大量に入荷することです。

板前はそれをさばきながら、これを食べたらお客さまが、「新鮮でおいしい！」と言って喜ぶだろうなと想像するとわくわくすると言います。

店名をそれまでの「回転寿司ＡＢＣ」から「すし銚子丸」に変えたのは、日本有数の水揚げ高を誇り、地元・千葉県を代表する漁港の名前を借りてネタの新鮮さをアピールしたかったからです。銚子港は寿司屋の人気ネタであるマグロ、カツオ、タイからサバ、サンマ、イワシなど、多くの魚の仕入れ先として群を抜く漁港でもあります。

一号店が大成功したので、グルメ回転寿司という新しいビジネスモデルはお客さまに支持されると判断し、二号店を宮野木《みやのぎ》（千葉市花見川区畑町）に出店しました。当時の回転寿司店はカウンターだけの四十席程度が主流でしたが、三号店の高洲《たかす》店（千葉市美浜《みはま》区高洲）は六人がけのボックス席を含めて、倍以上の八十四席で勝負しました。狙いは当たり、連日大盛況となりました。

もう間違いありません。グルメ回転寿司は完全に受け入れられたのです。売り上げ、原価率、利益の三つの数字で「すし銚子丸」と「回転寿司ＡＢＣ」を比較すると、「すし銚子丸」のほうが原価率は高いにもかかわらず、客単価が高いので売り上げも利益もはるかに上でした。

銚子丸は産地に足を運んで商談し、直接取引が成立すると、本部でその状況を取りまとめ、どの店にどの魚を回すか決めます。

各地で水揚げされた魚はトラックや船、飛行機などで千葉に運ばれ、翌朝には三十台以上のトラックで各店舗に配送されます。

鮮度を保つために、銚子丸ではセントラルキッチンを持たずに店舗で魚をさばくことにこだわり、技術を持った職人を店舗ごとに五、六人配置しました。彼らは納入された魚種を臨機応変に対応してさばきます。

だから「すし銚子丸」ではほかの回転寿司チェーンでは信じられないほどのいろいろな魚が回転レールに載るので、お客さまはたまりません。銚子丸ではグランドメニューのほかに期間限定のものや日替わりメニューがあり、常時百種類ぐらい提供しています。品数の豊富さにおいては圧倒的で、お客さまにワクワク感を持ってもらえます。

当社は企業理念を「私達の『真心』を提供し、お客様の『感謝と喜び』を頂くことを使命と致します」と明確にしました。寿司職人たちは考え方もばらばらでしたが、理念を明確にしたのでベクトルが合ってきました。そして全劇場に高揚感《こうようかん》のようなものがわき上がってきました。

私は劇団員に冗談交じりによくこんな話をします。

「かわいいアケミちゃんを追っかけていたら、目の前を通り過ぎたミニスカートのマサミちゃんに目を奪われてしまった。そこでマサミちゃんに目移りしてしまったら、アケミちゃんにも嫌われてしまうよ。あれもこれもじゃない。一つだけに徹するんです。それに磨きをかけて、誰もまねできない領域まで進もうじゃありませんか」

私はかつておもちゃ屋、持ち帰り寿司店、ラーメン店、回転寿司店、弁当屋、不動産屋、それに学習塾まで経営していました。でも忙しいばかりで、知らず知らずのうちにアブハチ取らずになっていることに気づき、銚子丸に専念することにしたのです。

一つのことに専念し、そこでお客さまの希望に応えようと工夫を重ねてこそ、改善の実がなってくるものです。若い人を育てるとき、その点に注意しなさいと話します。

劇団員を興奮させる海外研修賞

銚子丸ならではのユニークな賞に「海外研修賞」があります。これには次のようないきさつがあります。

私が初めてラスベガスを訪れたときのことです。飛行機が空港に着陸するとき、片側五車線、双方十車線の太い高速道路を埋め尽くすかのように、たくさんの自動車が猛スピードで行きかっているのが見えました。それだけでアメリカはものすごいパワーを持った国であることに圧倒されました。

ラスベガスに入ると、活気と華やかさが満ちあふれています。七変化する噴水のショーで有名なベラージホテル、黒いガラス張りのピラミッドの形をしたルクソールホテル、童話に出てくるお城の形をしたエクスカリバーホテルなど、豪華で奇抜なホテルが目白押しです。もちろんカジノがあり、街は不夜城です。

翌日、自動車でネバダ砂漠を西へ五時間も走ると、ロッキー山脈に降り注いだ雨が五、六百万年かけて刻んだというグランドキャニオンの壮大な光景が広がります。そこは日本の日常とはまるで違う別世界でした。私はアメリカという国のどえらいパワーに圧倒されましたが、それと同時に、

「よーし、見ていろ。いつかアメリカを追い越してやるぞ」

という思いが大きな力となって、私の中に満ちていきました。

私はその感激を一人でも多くの劇団員に味わってもらいたいと思い、さっそく海外研修賞を設け、毎年数人を選抜して、ラスベガスとグランドキャニオンを満喫してもらうことにしました。

この賞は年頭の文化祭で発表されますが、劇団員はものすごく興奮します。受賞した者は、「やった！　ついに海外研修賞を獲得したぞ！」と小躍りして喜びます。何しろ旅費もホテル

代も会社持ちで、ラスベガスとグランドキャニオンの魅力を味わえるのだからたまりません。

旅行から帰ってきた同僚が楽しかった思い出をみんなに語ると、それを聞いた劇団員が、「よし、オレも来年は海外研修賞を取って、ラスベガスへ行くぞ！」と発奮します。この賞を設定した効果は予想以上でした。

「すし銚子丸」拡大の背景にあるもの

お客さまのご支持をいただいて「すし銚子丸」は出店を続け、平成十九年（二〇〇七）三月には、回転寿司業界では初めてジャスダック上場を果たしました。その時点で売り上げは百二十六億三千万円、店舗数は四十八になっていました。

「すし銚子丸」がどんどん店舗数を増やしていった背景には、一九八〇年代後半のバブル景気が一九九〇年代に入って崩壊し、非常に厳しい経済環境に入ったことも挙げられます。

バブル全盛時代には接待に活用される高級飲食店が流行っていましたが、バブルがはじけると、業界全体が逆風に見舞われ、撤退や倒産が相次いでいました。そして人々の足はリーズナブルな値段のファミリーレストランや回転寿司店に回帰してきたのです。

しかし、一度鮮度の高い高級な寿司を食べた人たちは、一皿百円の寿司では満足できません。回転寿司も、安い値段の寿司を求める人たち向けと、グルメな寿司を求める人たち向けに分かれていきました。

お客さまに喜んでもらいたいという理念があるので、銚子丸のネタは鮮度が高い上に大きめです。百円均一のチェーン店より値段は高くなりますが、それでもなお、得したなと思ってもらえる商品を提供しなければならないと思っています。

また、お客さまに丸のままの素材をお見せして付加価値を高め、食欲をそそる提供の仕方を考え出しました。

「今日はカナダから見事に大きなボタンエビが空輸されてきました。こんなに大きいと、魚屋ではとても高値で取り引きされます。ところが銚子丸では大サービスの五百八十円で提供します。さあ、カナダから空輸されてきたボタンエビのお寿司を召し上がってください」

見るとザルの中に見事なボタンエビが並んでいます。大きなエビを目の前にすると、誰しも食指が動きます。

「ぼくはまだボタンエビは味わったことはないな。この際、食べてみようかな」

「じゃあ、私もいただこうかしら。一皿、お願いね」

そして口の中に甘くてぷりぷりしているボタンエビの食感が広がっていきます。至福のひとときです。こういう体験をされると、お客さまは再度来店されます。

私はその日その日の目玉商品を決めて、お客さまに幸福感を味わっていただくようにしました。「お客さまの頭にポンとイク」商品、つまりお客さまの記憶に残るようなおいしいお寿司を提供することが、リピートにつながると思っています。

お客さまを増やすことは経営上欠かせないことです。どうしたらお客さまに何度も足を運んでいただけるのか、常々考えていました。そして「おいしかった！」とか「得した！」と思っていただくことが、その実現への近道ではないかと思い至りました。

お客さまも大興奮！　ライブイベント「マグロの解体ショー」

「お客さまに楽しんでいただくために」という工夫の結果生まれたのが、当社の代名詞になっている「マグロの解体ショー」です。

銚子丸は開店当初からお客さまの目の前で魚をさばいて寿司にして提供することにこだわ

銚子丸名物となった「マグロ解体ショー」
佐々木秀信執行役員営業部長

さあ！
さばきたて、
握りたてを是非、
ご賞味ください!!

三浦光存スーパーバイザー

りました。ブリやカンパチが目の前でさばかれるなど、今どきの家庭では見ることはありません。魚は切り身にされトレーに入って、スーパーで売られています。

そのため、お母さんは子どもたちに板前さんが魚をさばくシーンを見せたがります。子どもたちも興味津々《しんしん》です。それを見ていて、私はふっと閃《ひらめ》きました。

「マグロの解体ショーをやったらどうだろうか。銚子丸が本当に新鮮なネタを提供しているのを見せる格好のイベントにもなる。それにマグロの解体ショーは劇場経営の究極の形ではないか」

最古参の板前である三浦光存《みつのり》さんに打診しました。

「三浦さん、マグロの解体ショーをやれませんか」

「そりゃ社長、もちろんやれます。二十年以上も魚を扱っているんですから」

三浦さんは見た目も体もとにかく太っ腹で、包容力の大きさは絶対に銚子丸一番です。その笑顔が買われて、いきいきしたサーモンやタイを抱えている姿は、店頭のポスターや屋外ののぼり旗のモデルにもなりました。

三浦さんは周りの雰囲気をいっぺんに明るくしてしまう「すごい笑顔」の持ち主です。店内が非常に混み合っていて、お客さまにもご迷惑をおかけするくらいバタバタしていても、三浦さんがホールに出てきてニッコリするだけでお客さまも和み、ほかの劇団員も安心し、あっという間にお店がうまく回り始めるから不思議なものです。

その三浦さんによって、漁港から直送された、一メートル四、五十センチメートル、重さにして約四十キロのマグロがお客さまの目の前で解体されていきます。カウンター席やボックス席のお客さまたちが総立ちになり、カメラでバチバチ写真を撮ります。解体されたマグロはそのままトロや赤身の寿司となり、お客さまに提供されます。お客さまはまるで漁船の上で新鮮な寿司を食べているような気分で、大満足してくださいます。

これは私たちが新鮮なネタを提供していることを知っていただく最高のパフォーマンスとなり、瞬く間に全店で行われるようになりました。

今でこそ「マグロの解体ショー」はほかの回転寿司チェーンでも行われるようになりましたが、もともとは「すし銚子丸」が開発した新しい寿司文化の一つです。

強い人間集団は、強い組織になる

はたから見ると、銚子丸の成果は新鮮な魚をより安く提供できるようになった流通革命によってのみ達成されたかのように受け取られかねません。

それも大きな理由の一つですが、外的な要因にしか過ぎず、内的には銚子丸が血の通った人間集団、もっといえば大家族に成長したから、そのかもし出す「銚子丸劇場」の雰囲気がお客さまに支持されたのだと思います。

銚子丸を創業のときから引っ張ってくれている板前である三浦光存さんは平成二十一年（二〇〇九）二月十八日、八十二歳の父親を亡くしました。その葬儀をみんなで支えました。その様子を三浦さんはこう語ってくれました。

「苦労して自分たちを育ててくれた父親の葬儀を出すのはつらいものがありました。悲しみに暮れていると、葬儀場に、何と堀地ファウンダーのほか十名あまりの幹部社員が駆けつけてくださったのです。聞けば吹雪のため飛行機が新千歳空港に降りることができず、いったん東京に引き返し、天候を見て再度戻ったのだそうです。それを聞いて感動しました。

ファウンダーは親身になって私たち劇団員を心にかけてくださいます。上がそうですから下の人も面倒見がよくなります。事情があって会社を辞めていく人があっても、堀地ヒロ子会長はよく言います。

『大きくなってまた帰っていらっしゃい。サケは生まれた川にまた帰ってくるでしょう。うちはいつでも受け入れるわ』

だからうちには、よそを経験してまた帰ってくる人が結構いるんです。それが銚子丸の企業文化になっています」

これは銚子丸が大切にしている企業文化です。この側面を見落としたら、銚子丸を語ったことにはなりません。

私は会議ではよく問題に対処する〝姿勢〟について語っています。

会社は人間の集団ですから、それを構成している一人ひとりが自分に対するゆるぎない自信を持つことが重要です。

しかしみんな人間ですから、成果が上がると自信過剰になりがちだし、うまくいかないと意気消沈してしまいます。一喜一憂してしまう毎日です。

そんなときは、自分を根底から見直してみることが大切です。

東洋思想に「天に棄物《きぶつ》なし」という達観があります。天には何一つ棄《す》てたものがない。みんなできることがあるから、存在しているのだといいます。よしんば欠けているものがあったとしても、それを補って余りあるだけのものを与えているといいます。

そのことを深く内省し、反芻《はんすう》して、「じゃあ、私の持ち味は何だろう。私は何に秀でているのかな」と自分を振り返り、長所を探します。そうして自分の持ち味を再発見して納得します。

私たち〝銚子丸人〟が常時必携《ひっけい》している「理念の実現」という赤い手帳があります。その中に、「銚子丸のリーダーシップとは」というページがあり、その2に「寛容さを持つこと」とあります。

自分を受け入れることができた人は、人に対しても寛大で、ゆるし、受け入れることができます。自分は受け入れられ、評価されていると感じたら、人の意見にも耳を傾けられるようになります。そこで初めてリーダーシップを発揮できる素地ができたといえます。

実はこれは安岡先生の著書『知命と立命』（プレジデント社）に書かれている話です。安岡先生の著書からは宇宙の仕組みを学ぶことが多いので、しばしば会議の席で披露しています。

私はそういう学びをして、打てば響くような強い人間集団をつくろうとしてきました。だからよく、銚子丸の会議は人間学の勉強会みたいだと言われますが正解です。

第四章

志を立て挑戦し続ける覚悟を持つ

お客さまを惹きつける〝旬感〟パフォーマンス

私は常々劇団員たちに言います。

「お寿司を売るんじゃないんです。銚子丸はお客さまに感謝され、喜ばれるという〝理念〟を売るんです。それを寿司という形でお届けしているんです。

ネタの鮮度や大きさ、盛りつけだけではなく、板前さんの笑顔、細やかな気配り、お店の雰囲気、インテリア全部がお客さまに喜んでいただくためにあるんです」

私は、「すし銚子丸」はお客さまに喜んでいただくための「銚子丸一座」という劇団であり、お店は舞台なのだと考えています。だからお客さまがドアを開けた瞬間に、「いらっしゃいませ」と劇団員の誰かが言うと、「ようこそ！」と座長（板前）が言い、そして劇団員全員が声をそろえて「銚子丸へ！」と元気よく歓迎します。レールの内側にいる劇団員も、ホールにいる劇団員も、キッチンにいる劇団員も全員が一つになってお客さまをお迎えします。

お客さまからよく、「洗い場やキッチンからも〝いらっしゃいませ〟という声が聞こえるよ」と言われますが、キッチンにいる人たちもご挨拶の声を出しているからです。

劇団員全員に配役があり、セリフがあり、その様子はまるでやまびこのようです。

これらのパフォーマンスのタイミングを取り仕切っているのは、レールの中にいる複数の板前の中で、もっともお客さまに注目される位置に立っている「座長」です。

食事が終わって帰られるお客さまに、すかさず「ありがとうございます。またのお越しも銚子丸へ」と、お礼の言葉が飛びます。


銚子丸は社長も店長も板前もありません。みんな銚子丸劇場の劇団員で、職制は階級ではなく役割を分担する配役です。私たち劇団員の姿勢が、そのままお店の雰囲気となるので、心しています。

お寿司の値段は、結局はお店に好感を持ってくださるかどうかによって決まります。だからこそお店の雰囲気づくりにも励んでいるのです。

お客さまにキビキビ、ハキハキ応対するホール担当も、直接お客さまに接する板前も、商品全般に創意工夫を凝らす調理担当も、産地直送の鮮魚を素早くおろす魚おろし担当も、お客さまの目に触れない裏方も、ショーを支える重要な劇団員です。

「接客はニコニコ、言葉はハキハキ、行動はキビキビ、寿司はイキイキ」

みんなが一つになって、お客さまに食事を最高に楽しんでいただこうと努力しています。

銚子丸の楽しみは板前の語りです。お寿司が載った皿が回るレールの向こうに立っている板前が魚をさばいている姿が目に入るように工夫されています。

「お客さま、今朝銚子港から旬の〝梅雨イサキ〟が入りました！」

そう言って板前は丸のままのイサキをお客さまに見せて回ります。お客さまは「ほう、これがそうなのか！」と見入っています。

「イサキは梅雨が旬で、昔から『梅雨のイサキはタイよりうまい』と言われています。一流料亭でもわざわざ〝梅雨イサキ〟と銘打ってお客さまにお出ししているほどです。さあ、これからさばいてお出ししましょう」

お客さまの目の前でさばいて握った寿司は、レールに流さず、板前自らが何皿かお盆に載せて、お客さまにおすすめして回ります。握りたての寿司を目の前にして、お客さまは食欲をそそられ、思わず手が伸びます。

「私にもお願いします」

「こっちにも二皿ください」

あちこちから声が飛び、店内は活気づきます。これを「駅弁販売」と呼んでいます。目の前でさばくという実演と、駅弁売りよろしくお客さまにおすすめして回るやり方は従来の回転寿司にはないシナリオです。


それにお客さまに魚のうんちくを伝えるのも重要です。魚を介した話は尽きません。

「お客さま、今日は青森の大間《おおま》港からマグロが入荷しました。なぜ大間マグロは喧伝《けんでん》されるかというと、日本海を北上してきたマグロは津軽海峡に入って、冷たい海域で新鮮なイカを食べて、いっそう脂《あぶら》が乗るからおいしいんです。下北半島の西北端の大間と対岸の北海道はわずか十七キロメートルしか離れておらず、流れも速いから身も引き締まります。どうですか、見事なマグロでしょう」

脂が乗ってつやつやしたマグロは食欲をそそります。

「じゃあ、それをいただこうかな」

板前とお客さまの対話が、寿司のおいしさをいっそう引き立ててくれます。寿司はどこでも提供できる時代になったので、ほかとの違いを出すためにも、ネタの鮮度と〝旬感〟を徹底的に追求しました。

これが、私たち銚子丸が大切にしている寿司の文化です。

お客さまのワクワク感を倍増させる斬新な企画

お客さまは銚子丸を、「いつも何か新しい企画をして、私たちをワクワクさせてくれる!」と期待感を持って見てくださっています。私たちもその期待に応えるべく、いろいろなイベント商品を提供しています。

たとえばある月は、握り寿司を銚子丸特製の香り高いのりでまるごと包んで食べる「のり包み」を提供しました。その一つが北海道標津《しべつ》産プレミアムいくらののり包みです。

標津港はサケの漁獲量がもっとも多い港です。サケが一番おいしいのは九月中旬から十一月中旬にかけてです。鮮度抜群の生筋子を生もみして一粒ずつ分けていくらにし、厳選したタレで味をつけて一晩熟成し、まろやかさを引き出して提供しています。

あるいは北海道産の塩水うにののり包みも提供し、好評を博しました。北海道のうにには冷たい海で、高級な利尻昆布《りしりこんぶ》を食べて育つので、うま味やあま味が抜群です。これを加工しないまま、限りなく自然に近い状態で空輸して、お客さまの目の前に提供しました。

「これから北海道のうには最盛期に入ります。旬の時期ならではの味わいです。お一ついかがでしょうか」

こうした説明に魅せられて、注文したお客さまは大満足されました。

寿司を食べながら、魚介類についての知識が豊富になっていく。これも寿司を食べる際の楽しみの一つです。

銚子丸は世界中から魚を買い付けていますが、平成二十年（二〇〇八）からはノルウェー産のオーロラサーモンを輸入するようになりました。オーロラサーモンはアトランティックサーモンの中でも最高の品質で、レロイ・オーロラ社がスカンジナビア半島の最北部トロムソにある養殖場で育てています。

トロムソは冬にはオーロラが現れ、夏には白夜が広がって、北極圏の自然を楽しむための観光拠点にもなっている町です。

トロムソの海域の水温はノルウェー南部に比べても五度程度低く、真夏でも十一度までしか上がりません。養殖場はフィヨルドの中にあり、水が透きとおるようにきれいな環境です。この冷たい海で育つサーモンはとても成長スピードが遅く、ゆっくりと時間をかけて成長します。その結果、脂がきれいに乗り、身が引き締まったサーモンに育ちます。

また、安心して食べていただけるように徹底した管理のもとに育てられており、水温や養殖場の魚の密度、給餌《きゅうじ》だけでなく、水中に設置されたカメラでサーモンの状態を細かくチェックしています。

本村取締役商品部長やスタッフが現地に赴《おもむ》いてそれらをチェックした上で取り引きが始まりました。

しばらくしてレロイ・オーロラ社から視察にやってきて、本部での打ち合わせのあと、「すし銚子丸」のお店を見に行きました。そしてお店の様子やお客さまが食べているところをバチバチ写真に撮ります。「その写真をどうするのですか?」と訊くと、こういう答えが返ってきました。

「私たちはノルウェーの北の果てでオーロラサーモンを育てています。養魚場でサーモンを育てている人たちは、自分たちが育てたサーモンを誰が食べているか、見に行くことができません。だから写真をたくさん撮って、お客さまの顔をみんなに見てもらい、『この人たちのために育てているんだ』という思いを強めてもらいたいのです。餌をやる人も工場で加工する人も、食べている人の顔が見えたほうがよい仕事をすることができます」

本村部長はレロイ・オーロラ社のスタッフの話を聞きながら、私たちと同じ波動だなと思ったそうです。

「私たちもお客さまから『とてもおいしかったよ』と言われると、うれしいものです。お客さまの笑顔が何よりの励ましになります。一つのネタを厳選するところにも、こんな心の交流があるんです。寿司屋冥利《みょうり》に尽きます」

オーロラサーモンを提供するようになって二年目の平成二十一年（二〇〇九）、銚子丸は「ノルウェー丸かじり！　オーロラサーモンが育っている北極圏の海を見にオーロラを見に行こう！」というキャンペーンを行いました。応募された四千三百三十七通の中から七組十四名をノルウェーに招待しました。文字どおり、生産者と消費者の顔をつなぐことができ、とても喜ばれました。

日本で消費される本マグロは年間約三万トンです。日本最大級の大口消費者である銚子丸は、その一パーセントである三百トンを消費しています。

テレビがマグロの特集をすると決まって取材に来るのは、銚子丸が日本最大級の大口消費者だからです。

「すし銚子丸」の一番の売れ筋はもちろんマグロです。マグロにはキハダマグロ、メバチマグロなどいろいろな種類があり、それぞれおいしいのですが、一番人気があるのは本マグロです。銚子丸はこの本マグロを世界各地から輸入しています。

平成二十二年（二〇一〇）から一定期間、トルコから生マグロを空輸した際、「オリーブ一番搾り体験＆エーゲ海まぐろ見学ツアー」というキャンペーンを張りました。応募された二千六百五十四通の応募者から七組十四名が選ばれ、地中海のマグロ視察旅行を楽しまれました。これまたお客さまにも生産者にも喜ばれる企画でした。

「劇団員が動かないのは、リーダーが本気になっていない証拠です」

お店全体が心一つになって、お客さまをお迎えする雰囲気をつくるのは簡単ではありません。店長が一番苦労するのもその点です。私は幹部会議でいつもこう話します。

「こんなお店にしていこうよと話しかけても、劇団員がなかなか動いてくれず、お店の改善が進まないという話を店長からよく聞きます。

店舗の中に赤い点（店長）が一個あり、ほかはみんな黒い点（劇団員）だとしましょう。中央の赤い点である自分の熱意が足りないと、ほかの黒い点は決して赤くなりません。でも自分が本気になってやれば、みんなは必ず感化され真っ赤に燃えて、いっしょにがんばろうという雰囲気に変わっていくもんです。みんながついてこないのは、まだまだ自分が本気でない証拠です。

劇団員がついてくるかどうかは、リーダーが苦しんだ量に比例します。劇団員のせいじゃなく、自分です。言い訳は絶対しないこと、言い訳するところに成長はありません。

会社は〝ヒト〟〝モノ〟〝カネ〟で成り立っています。それをリーダーという立場から見ると、もう一つ〝責任〟が加わります。

会社は結果を出さなければ、存続しません。リーダーは結果を出すためには自分はどうすべきかと考えて行動しなければなりません。

評論家はあれこれ批評するだけでいいですが、私たちはそういきません。〝責任感〟が強い人は信頼されます。そんなリーダーになっていきましょう」

劇団員の様子は、リーダーの本気度のバロメーターです。だから職場は自分を育成してくれる現場です。

お陰さまで私には右腕となって働いてくれる幹部が大勢います。その一人が板前であり、執行役員営業部長として、第一線でみんなを指揮してきた佐々木秀信《ひでのぶ》さんです。

「銚子丸に移った当初、堀地ファウンダーからお客様に喜ばれ感謝されたいという理念が七割、寿司の技術は三割でいいんだと言われて、『何を！』と反発したもんです。それだけ寿司職人としてプライドがありました。しかしいまはお客さまに喜んでいただくことが第一だとよくわかります。いろいろな寿司屋で働いてきた板前たちを統率するためには、理念を強調することが一番です」

佐々木部長は自分を律するために「三訓」を持っています。

「私は銚子丸でもう十三年働いていますが、その過程で骨の髄《ずい》まで叩き込まれた〝銚子丸人〟の気概を私なりに『三訓』として自分を律しています。その一つが『絶対におごらない』です。

堀地ファウンダーはよくお店の見回りに来ます。お店がてんてこ舞いに混んでいて、猫の手も借りたいほど忙しくて、あと片付けができないでいると、ファウンダーはさっと自分であと片付けをし、皿洗いをします。ファウンダーのそんな姿勢ほど、私たち劇団員を奮起させるものはありません。そんなファウンダーの姿を見て、私は自分を律する三訓の一つにこれを入れました」

佐々木部長は以前の江戸前寿司屋でも板前として働いていて、高いレベルの寿司と和食の技術を持っているので、ひとくせある職人でもみな一目置いています。三訓の残り二つは「本気になる」「素直になる」で、みんなの親方のような営業部長です。

フジテレビの人気番組『スピードファイター』はその道の達人がスピードを競う番組でしたが、マグロの解体で競ったとき、銚子丸を代表して出場したのも佐々木部長です。

〝銚子丸人〟の価値観「十死観」

三千五百人もの社員の心を一つにまとめ上げていくことは容易ではありません。ベクトルが同じ方向を向かなければ、強い戦闘集団にはなりません。〝銚子丸人〟は「十《じっ》死《し》観《かん》」と呼ばれる理念を共有して、ベクトルを揃えています。

一、志力なきものは死のみ
二、意力なきものは死のみ
三、知力なきものは死のみ
四、体力なきものは死のみ
五、徳力なきものは死のみ
六、おごれるものは死のみ
七、本気にならないものは死のみ
八、ネズミの取れない猫は死のみ
九、知行合一できなければ死のみ
十、理念なきものは死のみ

この「十死観」に私たちの信念が現れています。燃える戦闘集団になるためのものです。「おごれるものは死のみ」「本気にならないものは死のみ」「ネズミの取れない猫は死のみ」と、実に激しい言葉を書いています。何もそこまで言わなくても……といわれますが、これは部下に要求しているのではなく、自分に要求しているのです。本気だからこそ、自分にそこまで要求しているのです。

この「十死観」が生まれた背景にあるのが、松陰先生の次のエピソードです。

松陰先生が安政六年（一八五九）、老中間部詮勝《まなべあきかつ》暗殺計画の罪で、伝馬町の牢屋敷に入れられている三カ月の間、ちょうど江戸に出府していた高杉晋作と連絡を取り合っていました。晋作は湯島聖堂の所にあった昌平坂学問所《しょうへいざか》（昌平黌《こう》）で佐藤一斎《いっさい》や安積艮斎《あさかごんさい》から学びを受けていたのです。

松陰先生は牢屋敷で下働きをしていた獄卒《ごくそつ》の金六《きんろく》を仲介にして、晋作に書籍や筆、紙などを差し入れしてもらっていました。

そんなころ、晋作は松陰先生に書翰《しょかん》を送って問いました。

「男子が死ぬべきときは、どういうときでしょうか」

それに対して松陰先生は自分が死に直面している獄中から返事を書きました。

「死んで不朽の存在になる見込みがあるのなら、いつでも死んだらいい。生きて大業を成し遂げる見込みがあるのなら、生き続けたらいい」

松陰先生の考えははっきりしていて、死ぬことによって未来永劫《えいごう》語り継がれるような存在になれるのだったら、生死を度外視して初志を貫きなさいというのです。実にすがすがしい生き方です。複雑に考えるべきではありません。単純明快が一番です。

さらに松陰先生は同じ書翰でこう述べています。

「世の中には、体は生きているが、心は死んでいる者がいる。体は滅んでも、魂は生きている者もいる。魂が死んでしまえば、体が生きていても何の意味もない。逆に魂が生きていれば、体は死んでも損はない」

強烈なパンチのような言葉ではありませんか。松陰先生自身がそういう生き方をされていたから、これは口先だけの説教ではありません。晋作に深い覚悟ができあがっていきました。この価値観に立つと、生死を乗り越えて志をまっとうしようという気になります。門下生がきら星のような俊秀《しゅんしゅう》になっていったのは、松陰先生が魂に響く言葉を語っていたからにほかなりません。

私も「命をかける」という意図があって、「十死観」のような激しい表現にしました。「命をかける」なんて今どき古いのかもしれませんが、そういう覚悟で臨んでこそ仕事に真実がこもるのだと思います。

古いとか新しいとかいうことではありません。これは私たちが必携《ひっけい》している赤い手帳『理念の実現』にも明記し、〝銚子丸人〟の行動規範としています。

「志気の愚」が人を成長させる

〝愚〟という言葉は私のもっとも好きな言葉です。先にも触れましたが、私が従業員たちによくいう言葉に「志気の愚」があります。

これは私の造語ですが「志気の愚」の「志」は大きな夢や熱い思いを指しています。「気」は古くから〝気力〟という使い方がされるように、情熱やエネルギーを意味します。「愚」は、ばか正直にやり続けることを意味しています。

人が伸びるときは「志気の愚」が必要です。「志」すなわち、目標を明確にすることです。次に「気」、つまり元気であること、そして「愚」、つまり愚直に、飽きずに、やり続けることです。

これは自然界の動物も植物もみな同じです。私たち人間も一生物ですから同じです。「愚」にはこういう故事があります。

昔、中国に愚公と呼ばれるお年寄りがいました。家の前にある二つの山が邪魔なので、よそに移そうとして、息子といっしょに鍬《くわ》を振って土を運んでいたそうです。すると近所の人が、「そんなことができるもんか」と笑いました。

ところが愚公は、

「だからこの仕事が息子から孫へと引き継がれていけば、いつかは必ず山は移せるよ」

と答え、愚直に続けました。

それを見ていた天帝が憐《あわ》れをもよおし、山を移されたそうです。

飽きずに繰り返せば、必ず初志が貫徹できるのです。バカ正直にやり続ければ、必ず結果が出ます。だから私はこざかしくあるよりも、愚直に志に向かい続けることを選びました。

ある朝、私は各店舗にとり付けられているスピーカーをとおして、放送朝礼で全社員にこう語りかけました。

「何をするにしても、根幹にあるべきなのは、志を立てることです。志とはそれほど重要なことで、大きなことを成し遂げた人はみんな〝志を立てる〟ことの大切さを強調しています。

みなさんも、天下国家を動かすような大それたことでなくても、自分の身の丈に合うようなことでよいから、『これを成し遂げよう』という目標、志を持って、その実現に向けて日々努力しましょう。そうすればきっと叶い、みなさんも、みなさんの周りも、そして世の中全部がよくなっていきます。銚子丸の劇団員一人ひとりがその源になりましょう」

この言葉を表したスローガン「志を立てて、以《も》って万事の源と為《な》す」を大書した垂れ幕を全店に配り、銚子丸の劇団員だけでなく、お客さまからもよく見える場所に設置するよう指示しました。というのは、これは銚子丸からお客さまも含めた世の中全体へのメッセージだと思うからです。劇団員の事務所などだけではなく、店頭に美しく飾るようにしたのです。

仕事は〝志事〟でなければならない

銚子丸という熱い戦闘集団をつくり上げる過程で、私は得難い人に会いました。日本マクドナルドやモスバーガーを提供しているモスフードサービスなどで、長年にわたって教育部門に従事していた池田明光《あきみつ》さんです。池田さんはモスフードサービスに在任中、社団法人日本能率協会「顧客満足度調査（CS）」において、モスバーガーが初の四年連続外食部門第一位を受賞するという快挙に貢献しました。

その池田さんは、「仕事は『志事《しごと》』でなければなりません」と言います。私はホオッと驚き、注目しました。

私も仕事が単なる労力提供に過ぎなかったら喜びも何もない、そこに志が注入されるとイキイキした仕事に変わると社員教育をしてきたので、意気投合しました。池田さんは続けて言いました。

「経営者の方々は『人が集まらない。人が育たない。人が定着しない』とよくおっしゃいます。なぜなのかは従業員が働いている姿を見ればわかります。従業員がイキイキと明るく元気に働いていない職場・組織には誰も魅力を感じないし、お客さまにも支持されません。これは〝即戦力〟という美名のもとで、技術指導にばかり精を出す教育をしていたからではないでしょうか。従業員に〝仕事が意味するもの〟をきちんと教えていないから、ただ黙々と作業をこなすのみになってしまい、モチベーションを失い、活気を失ってしまうのです」

まさにそうで、技術指導にばかり精を出しているとそうなってしまいます。私も社員に常々言ってきました。

「理念が七で、技術は三だぞ。寿司を握る技術はお客さまに喜んでもらってこそ生きるんだ。

技術を過信したら、お客さま不在になってしまうぞ」

池田さんと私の意見が合致しました。まったく同志に巡り合ったような感じがしました。そこで池田さんにわが社の顧問として社員教育を担当していただくことにしました。

銚子丸では毎年テーマを立てているのですが、平成二十八年度は松陰先生の『士規七則』から採って「志を立てて、以って万事の源と為す」という言葉にしました。そこで池田顧問は早速、幹部研修で松陰先生の生涯を詳細かつ簡潔にまとめた資料を紹介しました。みんな松陰先生の生涯は断片的にしか知らなかったので、興味津々《しんしん》でした。その研修の感想文を紹介しましょう。

「吉田松陰先生の二十九年の生涯を今回初めて知りました。なぜだかわかりませんが、涙が出て仕方がありませんでした」

と書き出しているのは、東京地区三十三店舗のうち二十四店舗を担当する阿部ゼネラルマネージャーです。

「二十九歳で刑死したという短い生涯に対して無念を感じてなのか、相手に想いが伝わらない歯がゆさを思ってなのか、まっすぐ生きた生きざまを見てなのか、志が高く、純粋すぎるからなのか……、ここに書き切れないくらい心を揺さぶられました。それはいまの自分と比較して、あまりにも違うからだったかもしれません」

二十九歳で刑死しなければならなかった松陰先生の無念さに、阿部さんは相当感じ入ったようです。その上で、阿部さんは新たに自覚することがあったと書き綴《つづ》っています。

「人として、親として、何よりも〝銚子丸人〟として、自覚を新たにしました。銚子丸で働くすべての人が、そして来店されるすべてのお客さまが、『銚子丸に出合えてよかった』と思っていただける会社にしたいと思いました。

『銚子丸をよくしたい』というのが自分の志です。それができる自分、そして周りの仲間に力を貸していただける自分になりたい。そしてその志実現に向けて、もっと学んで突き進みます」

阿部さんは十三年前、銚子丸に来る前は普通の寿司店で板前として働いていました。だから回転寿司は一段下に見ていたそうです。でも、銚子丸では各店舗に新鮮な魚が丸ごと大量に届けられ、お客さまの目の前でさばかれ、提供されているのを見て、これまでの寿司店以上だと驚いたそうです。しかもこの値段でこんなにも新鮮なネタを提供しているのです。

「堀地ファウンダーからはよく指導されました。『愚直であったほうがいい。できる男だと見せるんじゃなくて、謙虚にふるまうんだ。ひけらかすと、逆に底が浅いと思われてしまう。誠心誠意のほうがよっぽど伝わるんだ』。そんなふうに、人間としての在り方を教えられました。それがいま、各店舗での社員の教育に生きています」

阿部さんにとって、銚子丸での経験はかけがえのない財産となっているようです。

「銚子丸」という人間道場

銚子丸の平均的な店は七十〜八十席です。お店を回すために必要な人数は、平日で約十二人、土日で約十八〜二十人、年末年始などの超繁忙期は約二十五〜三十人になり、一店舗の在籍人数は三十〜四十人です。

店長はこれらの人でお店を盛り立てていかなければならないので、意識は、みんなのやる気を引き出すためにはどうしたらいいかというところに向かいます。

松陰先生は教育者としても素晴らしい能力を持っておられました。先に紹介した研修では、松陰先生のそういう側面も描き出していたので、三、四十人を率いている店長や、三、四店舗を統括するマネージャーたちは学ぶところが多かったようです。

次に紹介するのは千葉ニュータウン店の店長をやっていた加藤昇さんの感想文です。

「松陰先生は、人には一つ二つの才能が必ずあると信じ、自分自身も学ぶという姿勢で、一人ひとりに接しました。その結果、わずか九十二人の卒塾生の中から総理大臣になった人が二人、大臣になった人が四人、県知事四人も出ました。いま銚子丸が人財の育成において、もう一ランク上に進むための手本を示された感じがしました。アルバイトやパートなど、年齢や働く目的も違いますが、本気塾の中で意見をぶつけ合うことで〝銚子丸人〟としての覚悟が生まれ、相乗効果が働いて、素晴らしい集団に成長すると確信しました」

加藤さんの感想文にある「本気塾」とは、お店をより良くするためにお店の劇団員全員が集まって、意見をぶつけ合う場です。

加藤さんは、いかに従業員を育成するかという視点で研修を受けました。彼は両親と兄が浪曲師という家庭で生まれ育ったためか、人を楽しませることについては銚子丸で一番の人で、まさに劇団員そのものの人です。社内制作した板前接客お手本ビデオのモデルになるほど素晴らしい接客をしています。

平成二十五年（二〇一三）には二店舗のオープン店長として立ち上げを成功させました。その功績と日ごろの業績を讃え、翌年の「銚子丸文化祭」で社長賞に選び表彰しました。この人も得難い人財です。

次に紹介するのは「江戸前寿司百萬石《ひゃくまんごく》」の二店舗（千葉・幸町店、東京・新小岩店）を管理するマネージャーの川上竜次《りゅうじ》さんの感想文です。川上さんが運営する「江戸前寿司百萬石」は百六十席ある大型店舗です。通常の江戸前寿司店の二倍以上の規模で、回転寿司ではなく接待用に多く使われる高級な店です。

川上さんは銀座や日本橋の江戸前寿司で働いたあと独立して、その後、銚子丸に移った人です。高いレベルの寿司の知識と技術と経験を有しており、その黄金の笑顔はまさに百萬石の顔といえます。

「私はわずか二十九歳の若者が、どうしてこれだけの人々に影響を与え得たのか、ずっと疑問に思っていました。ところが今日の研修を受けて、ある程度疑問が解けました。やっぱり率先垂範《そっせんすいはん》の人でした。あれなら塾生はみんな従ったでしょう。それに『自分以外はみな師』と思う気持ちが強い方でした。そうした謙虚な姿勢で対されたら、塾生も素直な気持ちになったでしょう。

それに〝私〟ではなく、〝公〟の精神に徹した人だったことも大きいといえます。だからこそ多くの人に支持され、卒塾生の中から多くの国家的指導者が育っていったのでしょう。
ひるがえって自分はどうかと考えると、〝お客さまの満足のために〟を実践してきたつもりでいましたが、まだまだ足りなかったと反省しています」

誰よりも先に駆け出すという「率先垂範」と私利私欲を超えた姿勢は、いつの時代も人を動かす重要な姿勢です。

銚子丸で働く人には東南アジアの人も大勢いますが、彼らは一様に「銚子丸は人間道場ですね」と言います。ここで人に喜んでもらう生き方に目覚めたら、どこに行っても通用するし、花を咲かせることもできます。事実、銚子丸には外国出身の店長がいます。能力さえあれば、どんどん登用されます。学歴や国籍は関係ありません。

ここまでで、少しは銚子丸の社風を感じていただけたでしょうか。人間的に伸びようとして切磋琢磨《せっさたくま》している様子がわかっていただけたら幸いです。

〝均一化されないサービス〟の追求

「はじめに」でも述べましたが、『日経ビジネス』が「外食崩壊」という記事で言わんとするところは、次のように要約することができます。

「マクドナルドや吉野家をはじめ、日本の外食産業を切り拓《ひら》いてきた会社は、これまですべてを均一化してコストを抑え、同質のサービスを提供することで消費者に受け入れられてきた。

しかしここに来てそれが飽きられ、消費者の大手外食産業離れが起き、どこも苦戦を強いられている。

一方、たとえば銚子丸のような、機械化された均一サービスではなく、個々の特性を訴えていくサービスのほうが受け入れられているのではなかろうか」

私は取材に来た『日経ビジネス』の編集者に答えました。

「銚子丸は愚直にも〝おろしたて〟〝つくりたて〟〝握りたて〟にこだわり、それを実現すべく、店内調理やお客さまの目の前での調理を基本にしてきました。当然一店舗あたりの寿司職人の数は、ほかの回転寿司チェーンよりも多くなります。

それで利益が出るのかと心配されますが、私は逆に、損得勘定だけで店を経営するから、お客さまが離れるのだと言いたい。お客さまが喜び、納得する商品やサービスがあってこそ、利益が出るのではないでしょうか」

図らずも均一化されないサービスを追求してきたわが銚子丸が評価されました。わが社のアプローチがより人間的で、人々の心情にマッチしたということでしょう。これからもますますこのアプローチを大切にしたいものです。

振り返ってみたら、これまでの七十五年はあっという間でした。年商十億円の壁を乗り越えられなくて悩んだ日々も、私の目から鱗《うろこ》を落とすためだったことがよくわかります。事業の根底にあるものの見方、考え方を「お客様の『感謝と喜び』を頂く」ことに切り替えたら、その壁が突破でき、年商二百億円が間近に迫りました。

これは私自身が成長しないかぎり達成できない数字でした。

昔から「その企業は牽引車《けんいんしゃ》である社長以上には成長しない」とよく言われますが、私は今それをしみじみ感じています。銚子丸を牽引する過程で起きたさまざまな出来事は私の目から鱗を落とすために起きた出来事でした。銚子丸の現場で私は鍛えられ、人間的に成長させていただきました。

志は種子となって引き継がれていく

「十歳で死ぬ者には十歳の、五十歳で死ぬ者には五十歳の四季がある」

これは松陰先生が刑死する前日に書き上げた『留魂録』中の白眉《はくび》となる文章を意訳したものです。古来、人間は自分の死に直面すると、一切の虚飾がそぎ落とされて、魂が浄化するといわれますが、この一文もそれを如実に感じさせてくれます。全文を紹介しましょう。

稲は春に種を蒔《ま》き、夏に苗を植え、秋に実を刈り取り、冬に貯蔵する。毎年秋や冬になると、農民たちはその年の収穫を喜んで、祝いの酒を造り、村野には喜びの声がわき起こる。

そういうことからしても、収穫期を迎えて、一年の労働が終わったことを悲しむ者がいるなど、聞いたことがない。収穫には喜びが伴うものである。

私は今年三十歳になるが、一事も成し遂げないまま、死んでいこうとしている。稲にたとえれば、いまだ実を結ばないので収穫できない状態に似ている。その点でいえば、ここで人生を終えるのは惜しむべきことかもしれない。

だが、私にとってこれはこれで実りのときを迎えているのだと思う。決して悲しむべきことではない。なぜなら、人はみな寿命が定まっているのではない。穀物が通常たどる四季とは違うけれども、やはり実りのときを迎えているのだ。

十歳で死ぬ者には十歳の中におのずから四季がある。二十歳で死ぬ者には二十歳の四季が、三十歳で死ぬ者には三十歳の四季が、五十歳、百歳まで生きる者には五十歳、百歳の四季がある。

十歳で死ぬ人を見て、あまりにも短い命などと思うのは、命の短い蟬《せみ》を長寿である椿《つばき》の霊木と比べるからだ。百歳まで生きる人を見て、とても長寿だというのは、命が短い蟬と比べるからだ。人の寿命は一様に定まっているわけではない。穀物が必ず春夏秋冬の四季を経るのとは違うのだ。

私はすでに三十歳。私の人生にも四季は備わっており、いま実りのときを迎えている。その実がカラで中身のないものなのか、あるいは中身が詰まったものなのか、それは私が知るところではない。

同志諸君の中に、私の志を汲《く》み、受け継いでくれる者があるならば幸いだ。それはたとえば種子のようなもので、次の年に実るのと同じではないか。同志諸君、ここのところをよく考えてほしい。


松陰先生が死刑の直前まで、血の汗を流して苦しまれた様子が伝わってきます。

「私は何も成し遂げずに断罪されようとしているが、果たして私の人生には意味があったのだろうか」

と煩悶《はんもん》されていますが、痛ましいかぎりです。

しかし懊悩《おうのう》の末に、大悟《たいご》されたことが文面からひしひしと伝わってきます。文章ががらりと変わっているのです。

それまで暁闇《ぎょうあん》に閉ざされ、シルエットしか見えなかったものが、日の出が近づくにしたがってだんだん輪郭が見えて詳細がわかり、ついに全貌が明らかになるのとまったく同じです。

「すべてのものに四季があり、実りのときが訪れる。ということは私もまた収穫のときを迎えているといえるのではないか。稲の命は籾《もみ》となって引き継がれ、翌年、翌々年、実りのときを迎えるではないか。そうだ！　私は成果を私の人生に限るべきではない。私の志は門人や人々に引き継がれて、後日大きな実りのときを迎えるのだ」

志は伝承されるということに思い至ったとき、大きな安心感に包まれました。そしてようやく安心立命《あんじんりゅうみょう》の境地に至られたのです。

松陰先生の門人たちはこの遺書を読み、発奮しました。

「先生の人生を決して無駄には終わらせません。私がその遺志を受け継いで、先生の志を成就させます」

その結果、わずか九十二名しか卒塾生がいなかったのに、それぞれが千載に名を残す者となったのです。

松陰先生の人生の実りは、生きていたときに得られたものは皆無でした。伝馬町の牢獄で刑死し、志半ばにして逝《い》ったわけですから、誰が見てもそうとしか思えません。でも、高杉晋作が立ち、伊藤博文や山縣有朋も奮起しました。

松陰先生の生き方は語り伝えられ、人々に大きな影響を与えました。さらに神社が創建され、幾多の伝記や小説が書かれてその遺徳をしのびました。松陰先生の刑死から八十二年後に生まれた私ですら強く感化され、銚子丸という事業も大きな形になりました。

だから、私は確信します。松陰先生の人生の実りは、先生が想像した以上に大きかったのだと。

松陰先生はその生きざまを通して、私に〝志は引き継がれていく〟ということを教えてくださいました。

私は試行錯誤しながら「すし銚子丸」をここまでつくり上げました。これが種子となって、私の志を引き継いだ者たちが、次代にはもっと大きな花を咲かせるだろうと思うと感謝せずにいられません。

私は平成二十四年(二〇一二)、三十六期の期首に「今年は百年企業の元年です」と宣言しました。銚子丸が百年続いていく企業になるために、気持ちを引き締めようと訴えました。

第五章
情熱こそが人を動かす

吉田松陰が思想を形成するまで

再び、松陰先生のことに戻りましょう。第一章でスティーヴンソンの目に映った松陰先生のことを書いたので、補足しながら、この偉人の足跡をたどってみます。

江戸時代、青年たちは諸国を遍歴して見聞を広め、各地の思想家を訪ねて、自分の思想を練り上げたものです。萩の藩校明倫館《めいりんかん》の兵学師範として出仕《しゅっし》した松陰先生は、兵学修行のために江戸に遊学しました。

江戸はさすがに全国から優秀な人材が集まっているところです。松陰先生は長州藩邸で起居していろいろな人物に師事しましたが、中でも大きな影響を受けたのが、洋学の第一人者佐久間象山《さくましょうざん》です。

象山は主君の松代《まつしろ》藩主真田幸貫《さなだゆきつら》が老中《ろうじゅう》兼海防掛《かいぼうがかり》になったことから、海外事情を調べるようになりました。その過程で、清がイギリスと戦争して敗れ、香港を奪われ、開国を余儀なくされたことを知りました。いわゆるアヘン戦争（一八四〇〜一八四二）です。

そこで本腰を入れてオランダ語を習得し、洋学の第一人者といわれるまでになり、世論に大きな影響を与えるようになりました。門弟には松陰先生をはじめ、勝海舟、坂本龍馬、橋本左内、河井継之助《つぎのすけ》、小林虎三郎などがいます。

象山自身は開国論者で、「西洋の技術で、日本の美風を守ろう」と主張していました。それもあって松陰先生は攘夷論者でありながら、国粋的な排外主義者ではなく、外国から学ぶべきものは学ぶという主義でした。

そういうふうに、この江戸遊学時代は松陰先生を全国の俊英たちに引き合わせ、自分の思想を練り上げる上で大きな役割を果たしました。


嘉永四年（一八五一）、松陰先生は江戸で知り合った熊本藩の宮部鼎三《みやべていぞう》と盛岡藩の江帾《えばた》五郎と東北の旅に出ることにしました。旅といっても物見遊山《ものみゆさん》の旅ではなく、見聞を深める旅です。藩士が関所を通るためには、藩が発行した過書《かしょ》（通行手形）を提示しなければなりません。しかしその過書が出立する日までに届きません。

そこで松陰先生は友との約束を守ることを優先して脱藩し、東北の旅に出かけました。旅の目的の一つに水戸藩を訪ね、会沢正志斎《あいざわせいしさい》に会うことがありました。

会沢正志斎は尊王攘夷論で話題となった『新論《しんろん》』を書き著《あらわ》してオピニオンリーダーと目されていた人物ですが、面談してみると、自分はうかつにも日本の歴史を知らなかったことに気づきました。日本の歴史を知らないということは、現在の時局にどう対処し、この国をどういう形に持っていくかという構想を描けないということになります。

東北旅行は松陰先生の思想に大きな影響を与えました。けれども脱藩して出かけたため、士籍を剥奪《はくだつ》された上、国元蟄居《ちっきょ》、実父杉百合之助《ゆりのすけ》預かりを命ぜられ、家禄《かろく》も召し上げられてしまいました。

しかしこの際、国の歴史を知ろうと歴史書を読みあさり、この国の形がだんだんはっきりしてきました。戦いの技術を研究する単なる兵学者から、思想家としての脱皮が始まったのです。

だから水戸藩が神武天皇による日本創建から十五世紀の南北朝合一に至るまでの歴史を、藩の事業として二百年かけて編纂《へんさん》していた『大日本史』は大きな意味を持つようになりました。加えて松陰先生は忠臣の鑑《かがみ》、楠木正成《くすのきまさしげ》を再発見する契機となりました。

水戸藩は水戸黄門として知られる第二代藩主徳川光圀《みつくに》の昔から尊王思想が強い藩です。徳川光圀は後醍醐《ごだいご》天皇を助けて鎌倉幕府を倒すのに大きく貢献した楠木正成を大変尊崇《そんすう》していました。

荒れ果てていた楠木正成の墓所を整備し、「嗚呼《ああ》忠臣楠子之墓《ちゅうしんなんしのはか》」と刻んだ墓碑を建立したのも徳川光圀です。松陰先生は光圀に触発されて『太平記』を読み、楠木正成のことをより深く知りました。

後醍醐天皇は建武《けんむ》の中興で天皇親政を推し進めたものの、武士の不満を解消することができません。天皇親政に飽き足らなくなった武士たちは、倒幕の功労者だった足利尊氏《あしかがたかうじ》を担いで天皇と対決しました。

一方、天皇に忠誠を誓う正成は、九州から攻め上がってきた尊氏の大軍を神戸の湊川《みなとがわ》で迎え撃ちました。しかし、多勢に無勢。正成は追い詰められ、弟の正季《まさすえ》と刺し違えて死ぬとき、

「願わくば、七度生まれ変わって、国賊を滅ぼしたい」

と誓って果てました。

体は朽ち果てても、初志を貫き通す――。

松陰先生は正成の生き方に共感し、以後、正成を忠臣のモデルとするようになりました。

ところで、徳川光圀が始めた『大日本史』編纂事業は、思わぬ波紋を呼ぶことになりました。日本の歴史をつぶさに調べていくと、日本の統治者は本来天皇であって、幕府は天皇から国政を任されているに過ぎないことが明白になってきたのです。

徳川幕府はそのことにあまり触れてほしくありません。でも、将軍の後継者を出すことができる御三家の水戸徳川家が歴史書編纂事業を推し進めているのですから、抑えようがありませんでした。

松陰先生は『大日本史』を読むにつれて尊王意識が高まり、幕府の権威にむやみにひれ伏すのはおかしいと考えるようになりました。安政の大獄のころには、「将軍は天下の賊だ」とまで言うようになった背景には、このような歴史認識があったのです。

その後、ペリーが来航し、密航未遂事件を起こし、伝馬町牢獄に投獄され、そして野山獄へ移送されるという展開は、第一章に書いたので、野山獄で起きた出来事について述べましょう。

牢獄が「福堂」へ！　学びによって人は変わる

安政元年（一八五四）十月二十四日、松陰先生は幕府の牢獄から、長門国《ながとのくに》萩の野山獄に移されました。そこには何年も閉じ込められていて、出獄のあてもなく、意気消沈した十一人の囚人たちがいました。

でも、実際に罪を犯して服役していたのは三人だけで、ほかの人は家族の厄介者《やっかいもの》で、金を払って頼んで押し込められている人たちでした。だからおれは嫌われ者で、社会のはみ出し者だと投げやりになっていたのです。

感受性が豊かな松陰先生は、同囚の人たちの話に相槌《あいづち》を打って聴き入りました。そうしてこう言うのです。

「もし私が同じような立場に立たされたら、私も同じように罪を犯していたでしょう」

囚人たちはときには涙を浮かべて聞いています。そんな松陰先生の姿に、同囚の人たちは心を許すようになりました。

ところが一人だけ全然同調しない人がいました。嫌われ者の富永有隣《とみながゆうりん》です。いつも斜交《はすか》いにものを見ていて、何事にも批判的な男でした。みんなに溶け込もうとはせず、いつも一人離れて何かしていました。ところが有隣は書に秀でていました。そこで松陰先生は有隣に頼みました。

「富永殿、お主は見事な字を書かれます。どうか私たちに書道を教授していただけませんか」

人間は何か評価されるとうれしいものです。冷ややかだった有隣が打ち解けるようになり、みんなの輪の中に入ってきました。こうして投げやりで殺伐《さつばつ》としていた獄舎の雰囲気がだんだん変わっていきました。

松陰先生は牢獄は案外、居心地がいいと感じていました。訪ねてくる人もいないし、雑用もなく、書物を読むにはもってこいの場所だというのです。だから早朝から深夜まで読書に打ち込んでいました。

「松陰先生は何のためにそんなに真剣に本を読んでいるのですか？」

ある囚人の問いに、ほかの囚人たちもじっと聞き耳を立てています。松陰先生はていねいに答えました。

「いいえ、何のためにということではありません。本を読むのが楽しいから読書し、精進しているのです。『論語』で孔子が、朝真理に目覚めたら、夜死んでも悔いはないと述べておられるように、私もそうだと思っています」

それを聞いて囚人の一人の吉村五明《よしむらごめい》が疑問を呈しました。

「そんなもんですかね。私たちにお天道さまを拝める日が来るなんて考えられません。だから精進したって何の意味もないではありませんか」

でも、松陰先生は澄み切った表情で答えました。

「いいじゃないですか。人から評価されたいとか、役職に就きたいとかいう下心から学ぶのではなく、自分の心が晴れ晴れとなることがうれしいから学問をするなんて、最高じゃないですか」

「ふん、そんなの、ただの骨折り損のくたびれ儲けです」

「いえいえ、何の見返りもないからこそ、純粋に学問でき、精進できるのではありませんか。逆境の中だからこそ、その人の本音が現れるのです」

そう言って松陰先生は再び書見台《しょけんだい》に向かって本を読み始めました。

囚人たちは仰向けに寝そべって、松陰先生がいま言ったことを考えています。先生はきちっと正座して読書をしています。その横には借り出した書物が何冊も積まれています。読んでは何やらメモを取り、再び書物に向かっています。学者が自分の書斎で仕事している姿と何ら変わりません。

そんな日が幾日か続いたある日、もう何年も投獄されている河野子忠《かわのしちゅう》が「松陰先生！」と声をかけました。

「私たちにも何か読むべき書物を推薦《すいせん》してくれませんか。このまま無為《むい》に過ごしたのではもったいない気がいたします」

「それはうれしい申し出です。ではみんなで『孟子』を輪読しませんか」

そうやって野山獄の獄舎で『孟子』の勉強会が始まりました。獄舎は俄然《がぜん》活気づき、活発な意見が交わされ、笑い声すら起こるようになりました。

その様子に驚いた獄吏《ごくり》の福川犀之助《ふくかわさいのすけ》は格子戸の外に座って受講に加わり、講釈に聴き入るようになりました。

獄舎に朗々と輪読する声が流れ、悠々《ゆうゆう》と学問を楽しんでいます。野山獄がまるで藩校明倫館のようです。囚人たちは口々に言いました。

「わしらは獄舎に入れられているけど、苦しいことなんかありゃしない。前向きに、建設的に、積極的に生きている。こんなにはつらつとしたことはかつてなかった」

松陰先生は牢獄のことを「福堂」と呼んでいましたが、牢獄が意識の持ち方次第で、福堂に変わったのです。

松陰先生は獄中で囚人に講釈した内容を『講孟余話』としてまとめました。伝馬町の牢獄で刑死する前日までのわずか二日間で書き上げた『留魂録』と並んで、松陰先生の代表作の一つとなりました。

夢のお告げ「二十一回猛士」が意味するもの

松陰先生はこのころから「二十一回猛士《もうし》」と号するようになりました。というのは獄中で不思議な夢を見たのです。

夢の中に神が現れ、一枚の書き付けを渡されました。見ると「二十一回猛士」と書かれていました。

夢から覚めた松陰先生は「二十一回」の意味するものを模索し、あっと驚きました。

「いまは養子先の吉田姓を名乗っているが、私は杉百合之助の次男として生を授かっている。その『杉』の字を分解すると、十、八、三、その合計は二十一になるではないか！　吉田の

『吉』を分解すると、『十一』と『口』、吉田の『田』を分解すると、『十』と『口』。これを合わせると、二十一と回。これまた二十一回となる！　私の実家の姓も養家の姓も二十一数に関係しているとは、これはいったい何を意味するのか。明らかに〃私〃を指しているとしか思えない！」

では「猛士」は何を意味しているのか、松陰先生の模索は続きました。

「私の本名は寅次郎《とらじろう》だ。寅（虎）は猛々しい動物だ。猛士とは猛々しい男という意味に解釈できるが、私に虎のように勇猛果敢であれということか……。太平楽をむさぼっている世の中、そしてまた位階階級によってがんじがらめになっている世の中を変革しようと思ったら、自分の生死を超えて勇猛果敢に戦わなければ変革などおぼつかないと、私を叱咤激励《しったげきれい》しているのではないか……」

二十一回も、つまり何回も何回も猛々《たけだけ》しいことを貫く武士《おとこ》であれ！　という意味なのだろうか。

確かに宮部鼎三たちとの約束を守って、過書を受け取らないまま、脱藩してまで東北の旅に出かけたことは猛々しい行為でした。あるいは国禁を犯してでも密航しようとしたことは、猛挙《もうきょ》といえば猛挙です。

「義を貫くためには、あえて猛挙といわれるようなこともしなければならないのだ。無謀《むぼう》ともいえるようなことを二十一回もしなければ、今の世論は変えられない。勝算がなくても、捨て石になる覚悟で臨まなければ、世の流れなど変えることはできないのだ！」

そう受け止めると、松陰先生は不思議に気持ちが落ち着きました。

「『孟子』に『志士は溝壑《こうがく》に在ることを忘れず。勇士はその元《こうべ》を喪《うしな》うことを忘れず』とある。つまり、『節操《せっそう》を守る高潔《こうけつ》な士は、貧乏になり行き詰まって、餓《う》えて溝《みぞ》の中に転がり落ちて死ぬことになったとしても、それは覚悟の上だ。また勇猛果敢な勇者は、戦場で首を刎《は》ねられて討ち死にするようなことがあることを忘れない』という意味だ。私はもとより、国の将来のために身を差し出す覚悟でいる。捨て石になるのは本望だ」

獄中で、松陰先生はいっそう覚悟を決めたのでした。

このことがあったので、処刑に当たって辞世の歌を詠んだとき、詠み人を「二十一回猛士」としたのです。

野山獄の囚人釈放運動がもたらしたこと

それが自分にとってプラスかどうかと判断するのではなく、そうすることが正しいことかどうかで判断する――これが松陰先生の判断基準でした。結果的には、それが松陰先生への信頼につながっていきました。

野山獄では制度の悪さを痛感し、同囚の人々に同情するようになりました。出獄を許されてから、投獄された経験の上で書いたのが『江戸獄記《ごくき》』で、こうすれば野山獄は改善できると『福堂策』や『野山獄記』を書き、みんなの投獄期間が不当に長すぎると訴えました。

たとえば野山獄の最高齢者は七十六歳で、在獄四十九年です。ほかにも十九年、十六年と閉じ込められている人もいました。彼らにはその人なりの才能もあるのに、このまま獄中で埋没してしまうのはあまりにも惜しいと言わざるを得ません。

松陰先生は実際に投獄されていたので、野山獄のさまざまな問題がよくわかりました。だから「野山獄の問題を解決するのは私の使命だ」とまで感じて、訴えたのです。

ところが藩の要人に「囚人だった分際で何を言うか」とけんもほろろに叱責されました。

「貴公《きこう》が野山獄を出ることができたのは、極めて幸運なことだ。だというのに、ほかの囚人たちの釈放運動を起こして、懲《こ》りないやつだ。他人の釈放運動など無益なことだ。自分さえ出獄できたら、それでいいではないか。人のことをとやかく心配してやれる立場ではないだろう」

それはそうでしょうが、愛のかけらもない言葉です。それに対して松陰先生はこう反論しました。

「人の命というものはきわめて重たいものです。その重さは一人の重さも十人の重さも、百人の重さもみな同じです。私がいま自分のことだけを考えて、十一人の同囚の不当な扱いを〝見て見ぬふり〟をしたら、彼らの人生はどうなってしまうのでしょうか。彼らは理由もなく在獄させられ、このまま太陽を見ることなく死んでしまいます」

松陰先生が東奔西走したお陰で、十一人の同囚たちは翌年に七人、さらに翌年にもう一人釈放されました。

松陰先生は机上の空論ではなく、実際に行動して解決しました。こうした行動が固く閉ざされた囚人たちの心に一条の光を投げ込み、彼らの心を開いたのです。

松陰先生は目の前の人の幸や不幸に共感したからこそ行動し、結果をもたらしました。共感しなかったら、「他人事」としてほうっておいたでしょう。「共感する力」はリーダーシップにとって欠かせない要素だと教えてくれます。

松下村塾にみなぎる「立志」の思い

安政二年（一八五五）十二月十五日、松陰先生は野山獄から放免され、実家の杉家に帰りました。そして二日後の十七日から、今度は父や兄に対して『孟子』の講義を始めました。それが進むにつれ、その評判を聞きつけた藩士たちが入門するようになりました。

松陰先生は叔父の玉木文之進から松下村塾を受け継ぎ、自宅の一室四畳半で再開しました。塾を再開するに当たって、この私塾に期するところを語りました。

「もし、長州藩が世に大いに顕《あらわ》れるとすれは、それはこの松下村塾によってです！」

何たる自負でしょうか。同じ萩城下には一万四千坪の敷地を持ち、水戸藩の弘道館《こうどうかん》、岡山藩の閑谷黌《しずたにこう》と並び、日本の三大学府の一つと称され、何名もの師範がいる長州藩お墨付きの藩校明倫館があります。

それに比べたら、松下村塾はわずかに四畳半一部屋しかなく、吹けば飛ぶような小さな私塾で、師範は松陰先生一人だけです。

しかし熱誠あふれる松陰先生の講義が評判になり、入門生が増えて手狭になったので、八畳と十畳の二部屋が増築されました。でもその八畳の部屋は物置小屋を改造して間に合わせた程度のものでした。

それでも松陰先生は「人材はここからしか出ない。長州藩が興《おこ》るも興らないもすべてこの塾にかかっている」と断言したのです。

それは決して大言壮語ではなく、それだけの覚悟と責任感を持ってやっていたのです。後代、よく言われました。

「松陰先生が松下村塾で教育に当たったのは、安政四年（一八五七）十一月五日から、安政五年（一八五八）十二月二十六日までの、わずか一年余りでしかありません。それなのに、なぜあれだけの人材を輩出できたのでしょうか」

一年余りというのは人間形成にはあまりにも短すぎます。それなのに塾生に確かな影響を与え、死地に赴《おもむ》くだけの覚悟を与え、それぞれに獅子奮迅《ししふんじん》の働きをさせました。

松陰先生の薫陶を受けた者たちは九十二名です。その中から総理大臣が二名、大臣が四名、県知事が四名出ています。しかもこの九十二名は全国から選りすぐった俊秀《しゅんしゅう》なのではなく、萩城下から入門した青少年たちです。そんな者たちが発奮して、歴史に名が残るような人物になったのですから、驚くべきことです。

初代総理大臣になった伊藤博文も、日本陸軍を創りあげ陸軍の父と呼ばれるようになった山縣有朋も、足軽や中間《ちゅうげん》の子でしかなく、明倫館への入学が許される士分格の子弟ではありませんでした。いわば大変なハンディを背負って世の中に出たわけですが、ハンディに負けることなく、大成しました。

これをどう考えたらいいでしょうか。彼らは松陰先生によって、志に火が点けられたとしか考えられません。

では、松陰先生は大変なスパルタ教育を施したのかというと、そうではありません。塾生が書き残している記録を見ると、みんなを自分と同学同門の徒《と》とみなし、一人ひとりにていねいな言葉で話しかけ、自分を教える立場の者とはみなしておられなかったようです。

かつて野山獄で、松陰先生は嫌われ者の囚人富永有隣に習字の教師の役をお願いしました。すると、さしものひねくれ者も素直になっていきました。その例が示すように、松陰先生はどんな人間にも何らかの才能があり、それを引き出せば、優れた人物になると思っていました。

　それが松下村塾でも遺憾《いかん》なく発揮されました。自分の価値を認めてくれる人に出会うと、人間はいっそう奮起するものです。塾生たちのエンジンがフル回転するようになりました。

　松下村塾には身分の差別はなく、士分の者であろうが、農民や商人の子であろうが、塾生になった以上は等しく敬愛の念を持って接されました。

　ところがひとたび講義に入り、忠臣や孝子が身を挺して義に殉ずる話になると、目に涙を浮かべ声を震わせて語られました。松陰先生の熱情につられて、塾生もまた感涙にむせぶことがしばしばでした。

山口県の「萩往還」にたたずむ松下村塾の塾生たちの銅像。左から山縣有朋・木戸孝允・伊藤博文・天野清三郎・野村和作

また、邪《よこしま》な考えを持った佞臣《ねいしん》が君侯《くんこう》を苦しめる段になると、まなじりを裂き、怒髪天《どはつてん》を衝《つ》く話しぶりでした。塾生たちは講義に引き込まれ、手に汗を握りました。

松陰先生は、上から目線で教え諭《さと》した教育者ではありませんでした。人間は実行が第一です。口で言うだけなら、誰でもできます。

松陰先生は言葉だけの教育者でもありませんでした。自分自身先駆けて走り出し、「あとに続け！」と叫んだ人でした。自分自身が誰よりも熱血漢でした。そんな師の姿を見て、塾生たちはみんな心酔したのです。

松陰先生は、松下村塾は小なりといえども、長州藩や日本を揺り動かす私塾なのだという気概で臨んでおられました。だからほかの私塾や藩校と大変な違いが出たのです。

これこそが「立志」です。

「どういう人間でありたいのか」

「どういう会社にしたいのか」

という明確なビジョンがあってこそ、みんなをぐいぐい引っ張って所期の目的を達成できるのだと思います。志はそれほど重要なものです。私はそのことに、人生を終わろうとするこの年になって、ようやく気がつき、恥ずかしいと思っています。

「最初で最後」という思いで学び、生きる

松陰先生は塾生を江戸へ遊学する旅に送り出すとき、決まって「送序《そうじょ》」と呼ばれる壮行の辞を贈りました。現代の私たちの目から見ると、この送序は大上段に構え、いささか力みすぎているようにも思えますが、松陰先生は真剣にそう思っていたのです。

松陰先生が門人の中でもっとも優れた人物として期待していた久坂玄瑞《くさかげんずい》を江戸遊学に送り出すときの送序が残っているので見てみましょう。

いまや天下は大変革の兆《きざ》しがある。そして実甫《じつほ》（玄瑞の通称）はわが松下村塾の頭《かしら》だ。実甫、行きたまえ！

武士たるもの、天地の間に生を享《う》けて、訪ねるべきところを選ばなければ、君の志気と才能を用いたことにはならない。生は死に及ばないことがわかって、もう久しいではないか。

実甫の旅は天子がおられる京都や江戸を訪ね、天下の英雄豪傑に会うだろう。彼ら

と義を論じ、自分の見解を練り固め、帰国して長州藩の方針を画策することは、誠に私の願うところだ。

もしそうでないとすると、私が諸兄に君を第一流の人物だと推薦するのは、私の偏《かたよ》った思い込みに過ぎないことになり、天下の英傑《えいけつ》に恥ずかしいことになってしまう。

さあ、実甫よ、行け！　これを君に贈る言葉とする。


客観的に見れば、江戸遊学は大勢いる若手の藩士を教育のために、京都、江戸に送り出すいつものことなのかもしれません。ところがこの送序を読むと、久坂玄瑞を単なる江戸遊学に送り出すのではないことがひしひしと伝わってきます。

この旅は天下の情勢を自分の目で見て、天下の一流の人物の意見を聴き、自分の意見も述べ、もって藩の公是を模索する重要な見聞の旅なのだと力説しています。

こんな言葉でもって送り出されたら、物見遊山の浮かれた旅はもうできません。これは最初で最後の旅で、難題を解決する方策を見出さなければならない重要な旅なのだと改めて覚悟したに違いありません。久坂玄瑞の意識はこの送序によってすっかり変わったことでしょう。

この心意気なんです。松陰先生の中にあったのは、何ごとも最初で最後なのだという思いでした。だから普通の人が思ってもみなかった方策を編み出し、行動したのです。

この送序でも、松陰先生は決定的な価値観を述べておられます。

「生の死に如《し》かざるや、之《こ》れ久し」――生は死に及ばないとわかって久しいではないか！というのです。死は生以上にものを言い、生は死を自覚することによっていっそう充実するのだと。そこに松陰先生の強烈な死生観が現れています。

こうした死生観が塾生たちを奮起させ、肝っ玉を据えさせて一世一代の大仕事をさせたのです。

先に〝銚子丸人〟の信条「十死観」を紹介しました。私自身、松陰先生の死生観によって奮い立たされたので、あえてわが社の信条として「十死観」を定めました。

時代がかっているとお笑いでしょうか。

でも、学歴も何もなかった私は、松陰先生の死生観によって奮い立ち、真剣勝負でここまでやってこられたのです。

いまの若い人たちはもっとクールでドライだと言われますが、そんなことはありません。彼らは打てば響くような手応えのある仕事がしたいのです。金銭的な見返り以上のものを求めています。

銚子丸で働く若い人の数が三千五百人を超えているという事実は、その一つの証拠ではないでしょうか。

高杉晋作の情熱

松陰先生は萩城下の誰からも慕われていたわけではありません。そのいい例が、高杉晋作《たかすぎしんさく》が入門を希望したときの父高杉小忠太《こちゅうた》の反応です。

高杉家は代々藩主の側近を務めた家柄で、小忠太も奥番頭《おくばんがしら》や直目付《じきめつけ》などの要職にありました。当然、晋作は明倫館で学びました。そして父について江戸に出府しているときペリーの来航に出くわし、江戸が大混乱に陥ったのを目《ま》の当たりにしました。

晋作に、この国はどうしたらいいのかという問題意識が芽生えました。

それに対し、松陰先生は、ペリーに頼み込んで米国への密航を試みるという挙に出ました。

しかしながらペリーに拒絶され、幕府に逮捕されて、国元に送り返され、野山獄に放り込まれてしまいました。

晋作は国元に帰り、再び明倫館に通いますが、古典の解釈に明け暮れる訓詁《くんこ》的な講義には飽き飽きしました。今日の最大の課題となっている西欧列強にどう対処するかという差し迫っている問題についての解決策は全然語られません。

それに対し明確な答えを持って行動を起こしている松陰先生の名はすでに城下に知れ渡っていました。

松陰先生が獄から放免され松下村塾を開くと、下級武士たちが入門し、その尊王攘夷論に耳を傾けているといいます。晋作は俄然興味を持ち、入門を思い立ちました。

しかし、父小忠太は許可しません。松陰は脱藩の罪を犯し、国禁を犯して密航を企て、罪を得て野山獄に投獄されていた危険人物です。ましてや高杉家は上士であり、将来を嘱望《しょくぼう》されている嫡男の晋作が松陰を師と仰ぐべきではないと反対しました。

もはや親の反対を押し切って、入門するしかありません。晋作は家族が寝静まった深夜、自宅のある城下から松本村《まつもとむら》に通い、松陰の教えを乞いました。安政四年のことです。

日ならずして晋作はめきめきと頭角を現し、久坂玄瑞と並んで、松陰門下の竜虎《りゅうこ》と称されるようになりました。

松陰という人は人の可能性を引き出し、それに火を点ける天才的才能を持った人でした。萩郊外の小さな松本村で短い期間薫育《くんいく》しただけでしたが、見事な逸材を育て上げたのです。

命をかけて信じる道を行く

話を少し戻して、松陰先生が野山獄から江戸・伝馬町に送還されるまでの経緯、つまり「安政の大獄」に巻き込まれた背景について、改めて見てみましょう。そこには松陰先生が命を賭してでも守らなければならない志があったことがわかります。

松陰先生は松下村塾での教育に専念していましたが、混迷の度を増していく政治情勢を見過ごすことはできませんでした。体は萩の郊外松本村にありましたが、江戸に赴任している弟子たちや諸藩の勤王の志士たちから情勢が刻々伝わってくるのです。

このころ、国論を二分した問題はアメリカとの通商条約締結問題でした。

その内容は治外法権を認め、関税課税の自主権は持たないという不平等条約でした。つまりアメリカの圧倒的武力の前に、日本は自主権を放棄せざるを得ませんでした。これでは日本中の志士が憤慨するわけです。

幕府は米国の砲艦の威力に屈服して、開国やむなしと判断し、天皇の承認を得た形で、条約を締結することにしました。その任を帯びて筆頭老中の堀田正睦《まさよし》が京都に上り、孝明《こうめい》天皇の勅許《ちょっきょ》を得ようとしましたが、失敗しました。

孝明天皇は極度の攘夷論者で、外国人に対して強い嫌悪感を抱いていました。おそらくアヘン戦争の敗北によって、清がイギリスに蚕《かいこ》が桑の葉を食べるように食べ尽くされる恐れがあると聞いておられたのでしょう。

また外国との貿易によって国内の産物が外国に流れ、経済が不均衡になることに不安を感じ、拒否反応を示しておられました。だから通商条約締結の承認を求めてきた堀田老中の申請を拒否してしまったのです。

堀田に代わって大老となった井伊直弼《いいなおすけ》はやむなく、天皇の勅許なしに通商条約の締結に踏み切りました。これに志士たちは激高しました。松陰先生も激しく憤《いきどお》り、

「これ以上、幕府に日本の舵取りを任せておけない」

と、倒幕に大きく舵を切りました。

井伊大老は強硬論を崩さず、反対を唱える者たちを弾圧するという挙に出ました。いわゆ

る「安政の大獄」が起きました。

井伊大老の意を受けて、京都で勤王の志士たちの逮捕を指揮したのが老中間部詮勝《まなべあきかつ》です。そこで松陰先生は塾生たちと間部暗殺を謀《はか》り、藩当局に必要な武器弾薬を貸与するよう願い出たのです。

一方、江戸藩邸にいた久坂や高杉に間部襲撃計画を伝えると、みんなはあわてて、時期尚早《しょうそう》だと諌《いさ》める手紙を送ってきました。松陰先生は怒って彼らと絶交しました。

かたや武器弾薬貸与を願い出られた藩当局は驚きました。もし間部老中が松下村塾の一味によって暗殺され、その武器弾薬は長州藩から貸与されていたとなれば、老中暗殺の糸を陰で引いていたのは長州藩だということになりかねません。

それを恐れた藩当局は、安政五年十二月二十六日、松陰先生を逮捕し、再び野山獄に監禁してしまいました。

松陰先生は間部暗殺計画が挫折すると、別な方策で尊王攘夷策を推し進めようとしました。翌安政六年（一八五九）三月、藩主毛利慶親《もうりよしちか》は江戸参勤に向かう予定でした。そこで藩主が乗った駕籠《かご》を京都・伏見《ふしみ》の南郊外で松下村塾の門人たちが襲い、そのまま京都にお連れするというのです。京都では公家の大原重徳《おおはらしげとみ》の周旋《しゅうせん》によって天皇から毛利慶親に勅命を出してもらい、それを錦の御旗として、幕府を糾弾しようと計画したのです。いわゆる「伏見要駕《ようが》策《さく》」といわれるものです。

ところが藩主を拉致《らち》するという過激な政策に塾生がすくみ上がってしまい、とてもついていけないと塾を去っていく者が増えました。最後まで残ったのは入江九一《いりえくいち》だけで、またしても松陰先生の策は不発に終わりました。

過激すぎる師と温厚な門人たちの乖離《かいり》は深刻なものになっていきました。

長州藩を尊王攘夷の先駆けにしたい松陰先生と、幕府の威光を恐れて動こうとしない藩政府との軋轢《あつれき》は増すばかりでした。

そこへ幕府は松陰先生の身柄を江戸に送るよう命じてきました。江戸にも京都にも安政の大獄の嵐が吹きすさんでいました。松陰先生も倒幕運動の急先鋒とみなされていたので、ただごとではありません。その知らせは瞬く間に城下に広がりました。

過激すぎる師匠に従いかねて、しばらく師から遠ざかっていた門人たちも、師が江戸に護送されるという知らせを聞いて、ぞくぞくと会いにやってきました。

二月に帰省していた久坂玄瑞は小田村伊之助《おだむらいのすけ》と品川弥二郎《しながわやじろう》を伴い、野山獄に駆けつけました。久坂と小田村は松陰先生の妹婿にあたります。

久坂たちは最悪の事態を予想していたので、絵師の松浦松洞《まつうらしょうとう》を伴い、松陰先生の肖像を描かせました。松陰先生もすでに死を覚悟していたらしく、快く絵を描かせ、自賛《じさん》を書き込みました。

政務役筆頭の周布政之助《すふまさのすけ》や公武合体派（開国派）の長井雅楽《ながいうた》など藩政府の要人たちは、松陰先生が長州藩を巻き添えにすることを恐れていました。そのことを質《ただ》すと、松陰先生は、

「ああ、誰も私の心を知らない」と言って嘆き、

「たとえ一身は微塵《みじん》に砕かれても、決してあなたたちに禍《わざわい》を及ぼすようなことはしません。ましてや藩に迷惑をかけるようなことはしません」

と返答しました。長州藩は諸国を尊王攘夷でまとめて、先駆けとなって幕府と戦わなければいけないのに、この期に及んで何ゆえ藩の安泰をはかることに汲々《きゅうきゅう》としているのかと叱りつけたかったのですが、話が通じそうもないことがわかって、口をつぐんでしまいました。

松陰先生は江戸に召喚されるに際して、白木綿《しろもめん》の布に自分の信念でもある『孟子』の一節

を書き付けました。

「至誠にして動かざる者は、未だこれ有らざるなり」

それを手拭いに縫い付けて懐にしまい、肌身離さず持っていました。松陰先生を乗せた駕籠は御成《おなり》街道とも呼ばれる萩往還《おうかん》の坂道を登って周防国《すおうのくに》三田尻《みたじり》（現山口県防府《ほうふ》）に向かいました。道は大屋《おおや》まで登ってくると、そこから左に折れて城下が見えなくなります。そこまで来ると駕籠は一休みしました。萩に再び帰ってくることはないかもしれず、見納めになるかもしれません。

街道には松の並木がありました。松陰先生は松に寄せて、ふるさとへの別れを詠みました。

帰らじと思ひさだめし旅なれば
　ひとしほ濡るる涙松かな

現在そこには往時をしのぶ大きな石碑が建っています。人々はこの地名を「涙松」と名付けて、松陰先生の心境に心を寄せています。

死は生以上に雄弁である

松陰先生が江戸の長州藩上屋敷から伝馬町の獄に投じられたのは七月九日のことでした。松陰先生に対する疑いは、京都の梅田雲浜《うめだうんぴん》との関係と、京都御所内に投げ込んだ落とし文のことでした。この落とし文は長野主膳《しゅぜん》、島田左近《さこん》、水野土佐守《とさのかみ》などを名指しで弾劾《だんがい》した無署名の文書で、松陰先生の手になるものではないかと奉行所は疑いを抱いていたのです。

松陰先生は身に覚えがなかったので、雲浜とは学問のことを論じ合っただけで、政治のことは話していないと否定しました。

それよりもと、自分が画策してきた「間部要撃計画」や「伏見要駕策」について打ち明けました。至誠を貫いて説明すれば、幕府の役人といえどもわかってくれるはずだという信念からでした。しかし取り調べに当たった奉行にしてみれば、要人の襲撃計画を画策していたなどとは聞き捨てできません。詳細が調べられ、報告を受けた井伊大老は松陰先生を公儀に逆らう危険人物とし、極刑に処すことにしました。

死罪は免れがたいことを悟ると、松陰先生は肉親や知友への遺書を書き始めました。後に「永訣《えいけつ》の書」と称されるようになった家族あての遺言です。そこに書かれたのが次の遺詠《いえい》です。

親思ふ心にまさる親心
　　けふの音づれ何と聞くらん

松陰先生は孝行息子以上の孝行息子でしたから、息子の死刑宣告を聞いたら、両親はどんなに悲しむだろうと心を痛めました。しかしやらなければならないことは、断じてやらなければならない。父母よ、不幸な息子を許してほしいと詫びるだけでした。

同日、江戸にいる門下生二人に、処刑後の遺体を処理する依頼状をしたためました。

そして十月二十五日から二十六日にかけて、門人にあてて遺書ともいうべき『留魂録』を書き綴りました。

その冒頭に次の一首が書き付けられました。『留魂録』の全体に匹敵するほどに格調高く、涙なしには読めない一首です。

身はたとひ武蔵《むさし》の野辺《のべ》に朽《く》ちぬとも
　　留め置かまし大和魂

（私は安政の大獄の巻き添えになって、肉体は武蔵野の野辺に朽ち果てようとしているが、大和魂だけは留めておきたいものだ）

『留魂録』を書き終えた松陰先生は、翌日十月二十七日、沙汰《さた》を申し渡されるために、評定所に呼び出されました。そのときに詠んだ辞世の歌です。

　このほどに思ひ定めし出で立ちを
　　けふきくこそ嬉しかりける

松陰先生はかねがね「死は生以上に雄弁である」と思っていました。自分の死は自分の生きざまの最高の表現だと思っていたから、義のために死を賜るのなら、喜ばしいこと以外の何ものでもありませんでした。だから「今日《けふ》聞くこそ嬉しかりける」と詠んだのです。

評定所では上座に奉行が座り、その一段下の右脇に長州藩士小幡高政《おばたたかまさ》が着きました。しばらくすると松陰先生が護送の役人に付き添われて潜戸《くぐりど》から入ってきました。そして定められた席に着き、軽く一礼すると居並んでいる人々を見回しました。髪や髭《ひげ》は茫々《ぼうぼう》と伸び放題で、別人のように変わり果てていました。しかし、眼光は炯々《けいけい》として、一種の凄《すご》みを帯びていました。

奉行は死罪を申し渡す判決書を読み上げました。松陰先生は微動だにせず、聴き入っていました。申し渡しが終わって、役人が「立ちませい！」と命ずると、松陰先生はやおら立ち上がり、今度は微笑《ほほえ》みながら一礼して潜戸から出ていきました。

その直後、松陰先生が朗々と漢詩を吟《ぎん》じる声が響き渡りました。

我れ今国の為に死す
　死して君親《くんしん》に負《そむ》かず
悠々《ゆうゆう》天地のこと
　鑑照明神《かんしょうめいしん》にあり

（私は国のために、いさぎよく死んでゆく。死んで主君や両親に恥じることは何もない。鏡に照らし合わせてみると、悠々と構えている天地のように、わが心境は神のごとくに澄み切っている）

評定所の役人たちは厳粛な面持ちで、吟詠に聴き入っていました。みんな胸をえぐられるような思いです。護送の役人たちも吟詠を止めることを忘れて聴き入っていました。しかし吟詠が終わると、あわてて駕籠に乗せ、伝馬町の獄に向かいました。

当時のしきたりでは、死罪は即刻実施されます。松陰先生は昼ごろ獄舎に戻ると、西奥の獄舎の人々に礼を述べられました。そして獄舎で紋付の上に裃《かみしも》を着けて身を整えると、その上に荒縄をかけられました。

その姿のまま、今度は西奥の獄舎に行って礼を述べ、三人の同志と面会しました。しかし獄舎では会話は禁止されているので、先生は辞世の歌を吟じました。『留魂録』の冒頭に記した歌です。

この歌を松陰先生は三回繰り返して吟じました。獄内は静まり返って、咳《しわぶき》一つ立てません。誰もが松陰先生の辞世の歌に聴き入っています。一人の武士がこれほどの真情を抱いて死地に赴こうとしているのです。厳粛な空気が張り詰めています。誰しもの目に大粒の涙が溜まり、つつと頬を伝いました。

普通、人は死罪を申し渡されると、大方は取り乱して泣き叫び、刑場に行くときも足腰が立たず、刑吏《けいり》に両側から抱き抱えられるといいます。しかし松陰先生はそうではなく、刑場に着くと従容として正座し、首を打ち落とされました。

自らを「二十一回猛士」と称した松陰先生は、安政六年十月二十七日、二十九歳の若さで波瀾《はらん》の生涯を閉じました。

第六章
吉田松陰の言葉

その人が語った言葉や愛誦《あいしょう》した言葉に、その人の人生観が現れているものです。そこで松陰先生が遺しておられる言葉から、先生のものの見方、考え方を類推しましょう。

至誠にして動かざる者は、未だこれ有らざるなり（『孟子』）

（至誠をもってして心動かされない者は未だかってない）

これは『孟子』の中核的思想です。ちなみに、孔子の言説は『論語』にまとめられ、孔子の直接の弟子の曾子《そうし》の言説は『大学』にまとめられ、曾子の弟子の子思《しし》の言説は『中庸《ちゅうよう》』にまとめられ、子思の門人に学んだとされている弟子の孟子の言説は『孟子』にまとめられており、この四書が中国思想の根幹をなしています。

孟子は仁義《じんぎ》の道を強調し仁政《じんせい》を王道の基本としました。孟子はまた浩然《こうぜん》の気を説き、大丈夫であることを説き、出処進退や恥を論じ、その言葉の一つひとつが人を動かさないものはありませんでした。

「自ら反《かえり》みて縮《なお》くんば、千万人といえども我れ往《ゆ》かん」

(反省してみて、自分の行いは絶対正しいと思われたら、たとえ相手が千万人あったとしても、私は敢然として立ち向かう)

なども同じ文脈にある言葉です。

では、それほどまでに至誠を貫いたとしても、結果が出なかったときはどうするか。至誠に応えなかった相手の非をなじりますか？　いいえ、松陰先生は自分の至誠に対して、死罪という答えが返ってきたとき、両親への「永訣の書」にこう書きました。

「私の普段の学問がまだ浅く薄かったため、至誠によって天地を動かすことはできませんでした」

至誠に応えなかった相手をなじるのではなく、自分の誠がまだ足らなかったと反省しておられます。あっぱれとしか言いようがありません。

これは西郷隆盛《さいごうたかもり》が遺している言葉とも一致するものがあります。

「人を相手にせず、天を相手にせよ。天を相手にして己《おの》れを尽《つく》し、人を咎《とが》めず、わが誠の足らざるを尋《たず》ぬべし」

（人を相手にせず、天を相手にせよ。天を相手にして、誠意を尽くし、人を咎めない。それよりも自分の誠がまだ足らないのではないかと反省しよう）（『西郷南洲遺訓《なんしゅういくん》』岩波文庫）

東洋思想の根幹は「修身斉家治国平天下《しゅうしんせいかちこくへいてんか》」です。何よりもまず身を修《おさ》めることが第一であって、そうすればおのずから家が斉《ととの》うようになり、国が治まり、ついに天下は平和になるのです。

志を立てて、以《も》って万事の源と為《な》す（『士規七則』）

（志を立てて、すべてのことの源とする）

この言葉は松陰先生が、安政二年（一八五五）一月、従兄弟の玉木彦助に贈った『士規七則』の最後に書かれている文章です。武士たる者が守るべき七つの規則を解説した後、三つの要点を挙げました。その第一が、「志を立てることをすべての源とする」でした。

志を立てるにあたって、人は人生を俯瞰し、自分の可能性を探ります。そうして目標が定まります。

エンジンがかかればしめたものです。一つひとつ難関を乗り越え、形ができあがっていきます。

行き当たりばったりではだめなのです。目標が定まってこそ、刻苦勉励《こっくべんれい》できるのです。志を立てることは、すべての始まりです。

ちなみに松陰先生が挙げた二番目は、「よき友を選んで仁義の道を貫く」ことでした。三番目は「書物を読んで聖賢の教えを実行する」というものです。聖人や賢人を師として仰がなければ、賤《いや》しい人間になると戒めています。

古今東西、大きなことを成し遂げた人はことごとく、初めに「志を立てる」ことを説いています。

教育哲学者の森信三《もりのぶぞう》さん（一八九六〜一九九二）は、戦前は満州の建国大学で、戦後は神戸大学で多くの青年を育ててこられましたが、志を立てることの重要さについて、こう述べておられます。

「ローソクは火を点けなければ明るくならない。それと同じように、人は志に火が点かなければ、その人の真価は発揮されない」

人間存在を透徹したまなざしで見つめておられた森さんの至言です。まさしく志に点火されてこそ、真価が発揮されるのです。

何をしたいのか。

どういう人生を送りたいのか。

私はこのままでいいのか。

そう自問自答するとき、その人の人生に取り組む姿勢はより真剣になり、覚悟が固まっていくのです。人生の晩年になっても、志はさらに高くなっていきます。

志士は溝壑《こうがく》に在ることを忘れず（『講孟余話』）
（節操《せっそう》を守る高潔《こうけつ》な士は、貧乏になり、行き詰まって、餓えて溝の中に転がり落ちて死ぬことも覚悟の上である）

『孟子』の一節の言葉ですが、これはさらにこう続きます。

「勇士はその元《こうべ》を喪《うしな》うことを忘れず」

（勇猛な士は戦場で首を刎《は》ねられて討ち死にするようなこともあることを忘れない）

人間は自分の原点を見失うと、自分についつい甘くなります。常に原点を忘れず、気を引き締めておくことが大切です。

松下村塾の床の間には次の言葉を書いた聯《れん》がかけてあります。

右の行には、「万巻《まんがん》の書を読むに非《あら》ずんば、焉《いずく》んぞ千秋《せんしゅう》の人となるを得ん（万巻の書物を読まないような者が、どうして千年も語り伝えられるような人物になれようか）」。

左の行には、「一己《いっこ》の労を軽んずるに非ずんば、焉んぞ兆民《ちょうみん》の安きを致《いた》すを得ん（自分一人の苦労など大したことはないという人でなければ、どうして多くの人を安らかにすることができようか）」と記されています。

この聯はそのまま松陰先生の信条であり、塾生たちに持ってほしい信条でした。松陰先生が、叔父で初代松下村塾の塾長玉木文之進から教育を受けたとき、まさに万巻の書物を読破するほどの気概を植え付けられました。

松陰先生が大変な読書家だったことはよく知られていますが、野山獄に投獄されていた期間、書物を差し入れしてもらって、六百十八冊を読んだといわれています。もちろん冊数が問題なのではなく、その気迫です。

聯はある信条を自分の脳裏に刻み込むためには最適です。

明治六年（一八七三）、西郷隆盛が征韓論に敗れて下野したときのことです。鹿児島に帰った西郷は約百五十人の青年たちと、鹿児島の東北約十二キロメートルのところにある吉野の荒れ地を開墾しました。そのとき、西郷が寝泊まりしていた家の床の間に、こういう軸が掛けられていました。

一世《いっせい》の智勇《ちゆう》を推倒《すいとう》し、万古《ばんこ》の心胸《しんきょう》を開拓す

（私の知能と勇気を傾けて、万年も通用する心境を開拓しよう）

これは宋の経綸家《けいりんか》陳龍川《ちんりゅうせん》の言葉です。こうした言葉は私たちを奮い立たせてくれるものです。気力が充実しているときは、こうした言葉は必要ないかもしれませんが、気落ちしたときや行き詰まっているとき、私たちを励まし、奮起する力を与えてくれます。

いたずらに時を過ごしてはならない

松陰神社は松下村塾の西の畑に建っていた小さな祠《ほこら》を元にして、明治四十年（一九〇七）に創建されたものです。そのころは松陰先生の兄、杉梅太郎は健在でした。

生徒たちが集団で松陰神社にお参りすると、神社の脇にあった家から杉梅太郎が現れて、弟の思い出話を語ってくれたそうです。

「昔から『光陰矢《こういんや》の如《ごと》し』と言いますが、あっという間に時間は経ってしまうもんです。わしなどがいい例で、うかうかしている間に、何一つ達成できないまま、歳を取ってしまいました。

弟寅次郎は『光陰矢の如し』ということをよく知っていて、寸暇を惜しんで読書しておりました。わしは今でもよく覚えておるんじゃが、ある年の元旦に、わしは弟にこう言いました。

『寅次郎、今日は一年で一番おめでたい日だから、一日だけ学問を休もうじゃないか』

すると寅は言下にこう言いました。

『兄さん、おっしゃるとおりですが、逆に今日という日は今日かぎりで消えていきます。せっかくですが、この貴重な一日を無駄にすることはできません』

そう言って、読書にふけっておりました。そういうふうに取り組んだからこそ、弟はあれだけのことを成し遂げることができたんです。どうかみなさんも時間を大切にして、有用な人生をつくり上げてください」

神ともあおぐべき松陰先生の兄さんが諭《さと》されるので、生徒たちにはいっそう身に沁《し》みたようです。

松陰先生は『講孟余話』の中で、「学問をする上で、したり、しなかったりというのが一番よくない」と言っています。いえ学問に限らず、ことをなす上で、一番大切なことが「続ける」ということです。孟子は「志を持ち続ける」としてそれを強調しています。

『講孟余話』の中からもう一節、松陰先生の言葉を引用しておきましょう。

「いま学問している人の中には、自分が若いということに甘えて、明日になったらやろうとか、来年になったらやろうと言って、先延ばしにしている人がいます。

人生とは白馬が隙間を駆け抜けるほど短い一瞬です。たとえ百年の命を全うしたとしても、ちょっとの時間でしかありません。ましてや七十にならないうちに死んでいく人ははなはだ多いでしょう。

朝露のようなはかない命を、予測しがたい災難が待ち受けています。一日もおぼつかない世の中ですから、他日とか他年に先延ばしせず、長寿を当てにして、ぐずぐずしていてはいけません」

こういう姿勢で取り組んでこそ、何事かを成し遂げることができるのだと思います。

凡《およ》そ生まれて人たらば、
よろしく人の禽獣《きんじゅう》に異なる所以《ゆえん》を知るべし（『士規七則』）

（少なくとも人として生まれたのであるならば、人と鳥や獣とはどこがどう違うのか、その理由を知っておかなければいけません）

松陰先生には、「人として生を享《う》けたからには、その務めを果たそう」という強烈な責任感がありました。

地球上にはさまざまな生命が生きています。アメーバがあり、微生物があり、魚類や鳥類、類人猿などが生命のピラミッドを形成しています。その頂点に霊性をうけて人間は誕生しています。そうだとしたらそれ相応のことをしなければならないという責任もあるのです。

松陰先生は鳥獣と人間の一番の違いは、信義を守るかどうかにあると考えました。人間はいったん約束したからには絶対に守るべきだというのです。

それがたとえば、熊本藩士の宮部鼎三たちと東北旅行を企画したとき、藩当局から通行手形の発給が間に合わなかったため、それなしで東北旅行に出立して、宮部たちとの約束を守ったことにも表れています。

人と鳥獣の違いは、霊的なものを尊ぶことにあります。

松下村塾の四天王の一人高杉晋作は、士農工商という身分を超えた奇兵隊を創設しました。その奇兵隊が慶応元年（一八六五）八月、下関郊外に桜山招魂場《しょうこんじょう》を創建し、社殿の落成式を行いました。高杉晋作も出席し、そのときの心境をこう詠みました。

弔《とむら》はる人に入るべき身なりしに
　　弔ふ人となるぞ恥つかし

（ああ、私は戦陣に倒れ、弔われる者の中に入っているべきなのに、こうして弔う者の中に入っている。何と恥ずかしく、申し訳ないことか。

同志諸君、どうぞ地下で安らかに眠っていてほしい。われわれ残された者達でこの世のことは見事に仕上げると約束する……）


人は霊的なものを尊びます。犯してはならない敬虔《けいけん》なものを畏《おそ》れ敬います。だからこそ人間社会は連綿と続いてきたのです。ちなみにこの桜山招魂場の発想を借りて東京招魂場が造営され、それが発展して靖国神社となりました。

むしろ玉となりて砕くるとも、
瓦となりて全かるなかれ（『**北斉書　元景安伝**《げんのけいあんでん》』）

（命を長らえ、形を留めることにべんべんとして、ごく普通のありふれた瓦に堕《だ》しているよりも、むしろ玉となって潔く砕け散りたい）

人はこの気概を失ったら、生きているとは名ばかりの屍《しかばね》に堕してしまいます。自分の信条を失って無闇に生き長らえることを「瓦全《がぜん》」といいますが、瓦全ではありたくないものです。

第一章で説明したように、松陰先生は伝馬町の牢獄で処刑の場に臨もうとする高松藩士の長谷川宗右衛門が、この言葉をつぶやいたのを聞き洩《も》らさず、宗右衛門の毅然とした生き方に感動しました。

実は松陰先生が死の直前に書き綴られた、魂の叫びのような『留魂録』は二部作られました。一部は遺骸を埋葬した門人の飯田正伯《しょうはく》と尾寺新之丞《しんのじょう》によって萩に送られ、門人たちの間で回し読みされました。

ところが回し読みされているうちに行方がわからなくなり、この『留魂録』は紛失してしまいました。幸いにして書き写したものがあったので、ことなきを得ました。

松陰先生はそういうことが起こり得るかもしれないと考え、もう一部を牢名主の沼崎吉五郎《ぬまざききちごろう》に託し、彼の手で直接長州藩士に渡してほしいと頼んでいたのです。ところが沼崎は松陰先生の処刑後、三宅島に遠島《えんとう》になってしまいました。

三宅島で服役すること十七年、ようやく刑期を勤めて東京に帰ってきた沼崎は、松陰先生との約束を果たそうと、しかるべき長州藩士を探しました。そして野村靖《のむらやすし》神奈川県権令《ごんれい》（副知事）が山口県出身であることを知り、面会にやってきました。

野村は老いてみすぼらしい恰好をした沼崎から『留魂録』を受け取ると、その筆跡を見て驚きました。

「これは確かに松陰先生の字だ！　私は誰かの写しで読んだことはあったが、先生の直筆が残っていたとは感無量だ。どうしてこれを？」

そこで沼崎は伝馬町の牢獄での一部始終を話しました。

それにしても十七年前の約束を果たそうと沼崎が必死になるとは驚きです。野村がそう言うと、沼崎は恐縮して言いました。

「いえいえ、私にとっても松陰先生はそれほど大きな存在でした。重罪人の私を軽んずるどころか、分け隔てなく付き合ってくださいました。いやそれ以上に、遺書ともいえる大切な書き付けを、いわばならず者の私に託し、誰か信頼できる長州藩士に手渡してくれと頼まれたのです。私は命がけでその役割を果たしますとお誓いしました。いまやっとその約束を果たすことができて、肩の荷が下りました」

「それにしても不思議だ。長州藩士は誰でも松陰先生を知っているからこの遺書を受け取ってもおろそかにしないだろうが、君はよりにもよって私のところにやってきた。実は私は松陰先生の直弟子だったんだ。私は先生の薫陶を受けて育ち、先生への恩義を一番感じている者だ。私の実兄入江九一は、久坂玄瑞、高杉晋作、吉田稔麿《としまろ》と並んで、松陰門下の四天王と呼ばれていた。残念ながら兄は禁門の変で敗れ、自刃して果ててしまったが、その志は私がしっかり受け継いでいる」

こうして直筆の『留魂録』は誰よりもその価値がわかり、大事にしてくれる人の手に渡ったのです。

野村はその後、神奈川県令（県知事）に昇格し、逓信省次官、第二次伊藤博文内閣の内務大臣、第二次松方正義《まつかたまさよし》内閣の逓信大臣を務め、政界を引退しました。

引退後は松陰先生の顕彰活動に余生を捧げ、この『留魂録』の原本は松陰神社に寄贈され展示されています。

人の精神は目にあり。故に人を観るは目においてす（『講孟余話』）

（人の心は目に現れるものです。人を見極めるには、その目を見ればいい。その人の胸の中にあるものが正しいものであるかどうかは、その人の瞳が明るいか、暗いかでわかります）

実に簡明に人を観察する方法が語られています。その人の誠意は瞳に現れます。心が邪《よこしま》でなければ、瞳は澄んできます。松陰先生は邪なことを企《たくら》んでいる人は瞳が濁《にご》ると言われます。昔から言うように、「目は口ほどにものを言い」です。

松陰先生がすごいのは、座標軸が決してぶれないことです。東洋思想の根本は「修己治人《しゅうこちじん》」だと言われます。「自分を修《おさ》めて、しかる後にはじめて人を治める」ことできるわけですが、松陰先生はよほど修練を積まれたに違いありません。

『論語』に「人知らずして慍《うら》みず。亦《また》君子ならずや」という孔子の言葉があります。「自分のことを理解してくれないとか、私のことを認めてくれないとか言って恨《うら》んだりはしない。それでこそ立派な人物だといえる」というのです。

私たちは人の評価を気にして一喜一憂してしまいますが、優れた人物はやはりそこを超えています。

人を恨まなければ、瞳は澄んできます。だから松陰先生は瞳が澄んでいるかどうかを精進の度合いのはかるバロメーターとされたのでした。

澄んだ瞳については、詩人の相田みつをさんが「憂《うれい》」という題でこう詠んでいます。少し長くなりますが、引用しましょう。

むかしの人の詩にありました
君看《み》よ、双眼の色
語らざれば、憂い無きに似たり
憂い……が無いのではありません
悲しみ……が無いのでもありません

語らない、だけなんです
語れないほど、深い憂い――だからです
語れないほど、重い悲しみ――だからです

人にいくら説明したって
まったくわかってもらえないから
語ることをやめて
じっと、こらえているんです
文字にも、ことばにも
到底表わせない
深い憂い――を
重い悲しみ――を
心の底深く、ずっしり沈めて
じっと黙っているから
眼《まなこ》が澄んでくるのです

澄んだ眼の底にある
深い憂いのわかる人間になろう
重い悲しみの見える眼を持とう

君看よ、双眼の色
語らざれば、憂い無きに似たり
語らざれば、憂い無きに似たり
…………　…………
…………　…………

（相田みつを『愛蔵版 にんげんだもの』文化出版局）

相田みつをさんの詩が多くの人に好まれる理由がここにあるような気がします。曇りのない目を持ちたいものです。

七たび生まれ変わって、志を成し遂げよう

松陰先生が書かれた本『丙辰幽室文稿《へいしんゆうしつぶんこう》』（『吉田松陰全集』大和書房）の中に「七生説《しちしょうせつ》」という一文があります。先生の人生観の結晶ともいえる文章です。その冒頭はとても格調高い文章で書き始められています。現代語に意訳してみます。

「果てしなく宇宙には一つの〝理〟が貫かれていて、それによってこの世のあらゆる事象が存在している。はるかな過去の先祖からいまの私たちに至るまでつながっている生命には一つの〝気〟が貫かれていて、それによって人の生命があるといえる」

つまり、この宇宙には宇宙をかく有らしめている理法が存在し、その理法が個々の万物を契機として目に見える形で出現していると考えます。そして先祖から現在の私に至るまで一つの気に貫かれており、人の生命があるのだというのです。

松陰先生は個々の人生を宇宙の根源とつなげて見ていました。

この観点に立ち、一定の時間が与えられている人生とは、その人に与えられている使命を成就するためにあるのであって、自分勝手に楽しむためではないというのです。

松陰先生はさらにこう書いています。

「人というのはその〝理〟を自分の心にし、その〝気〟を自分の体にしてこの世に生まれているのです。したがって〝体〟は〝私〟のもので、〝心〟は〝公〟のものといえます」

宇宙の根源としっかりつながっていると、自分の人生に対しても公の観念が出てきて、その公的使命を七たび生まれ変わっても成就しようという信念が強くなってくるのだとおっしゃいます。そこにあるのは、使命感は継承されるという確信です。

松陰先生はこの文章の最後をこう締めくくっています。

「私は、私のあとに続く人々が、私の生き方を見て奮い立つような、そんな生き方をしてみせるつもりです。そして私の魂が七たび生まれ変わることができれば、そのとき初めて私は〝それでよし〟と思うでしょう」

七度生まれ変わってでも初志を実現せずにはおかないという強い覚悟さえあれば、実現しない難題はないと思えます。そう考えると、志を強く持つということが、どれほど大事かがわかります。

信念を強く抱くには、「私は宇宙の申し子であり、宇宙が実現しようとしていることを代わって実現する」と思うことだとおっしゃいます。公的な自分であるという自覚があればこそ、「七度生まれ変わっても」という強い信念が生まれてくるのだと。

それに命は連綿《れんめん》とつながっていると思えば、因循《いんじゅん》姑息《こそく》な生き方はしなくなります。

松陰先生は『講孟余話』で、中国・三国時代の蜀《しょく》の名臣諸葛孔明《しょかつこうめい》の言葉、「鞠躬尽力《きっきゅうじんりょく》、死して後已《のちや》む」を採り上げてこう解説されました。

「身を鞠《まり》のように縮めて全力を出し切り、倒れて死んだ後、初めて活動が終わる」

七生説もそれに類する人生観だといえます。

世に事を成した人とは「鞠躬尽力、死して後已む」ような生き方をした人です。私たちもそういう生き方をしたいものです。

松陰先生は私たちに、志を立て、その遂行に命をかけることによって、生そのものがいっそう充実することを教えてくださいました。その教えを心に刻み、私も見事な人生を歩み切りたいと思います。

おわりに

作家　神渡良平

事業の隆盛は人間力によってもたらされる

今回、銚子丸の創業者堀地速男さんから、吉田松陰先生や昭和の碩学《せきがく》安岡正篤先生によって志を磨かれ、人生をわたる智恵を授かって、銚子丸という事業が確立したのだと聞いて、私は後述するガンビアの青年教師が語っていた〝教育が持つ力〟を思い出しました。

年商十億円の壁を乗り越えようと苦しんでいた堀地さんが、ビジネスの基本は「お客様に私達の真心を提供し、お客様から感謝と喜びを頂くこと」だと気づいたことから、道が開けたそうです。

口先では立派なことを唱えていても、実際の行動はそれをかけ離れている人はごまんといます。本音と建て前が違う人が大半です。

しかし、堀地さんは心底そう思い、実践しました。その結果、気づいたことはただのきれいごとではなく、本当に心理だったのです。だから人が集まってきて、銚子丸は隆盛の一途をたどったのです。

そしてその気づきの淵源《えんげん》にあったのが、吉田松陰先生や安岡正篤先生が説いている宇宙の真理でした。まさに古典が窮尽《きゅうじん》している真理が現代によみがえり、グルメ回転寿司「すし銚子丸」として花開いたのでした。

「事業の隆盛は人間力によってもたらされる」

は堀地さんの実感以外の何物でもありませんでした。

「アメイジング・グレイス」の誕生秘話と、ある黒人青年教師の回想

堀地さんの述懐は、名曲「アメイジング・グレイス」の誕生秘話を取材するために訪れた、西アフリカのガンビアで知り合った高校教師エブライマ・ジャディマさんが語っていたことを思い出させました。その首都バンジュールではホテルに泊まるという選択肢もありました

が、それよりもアフリカ人の生活の実態に触れたかったので、エブライマさんの家にやっかいになりました。

漆黒の肌をした三十代前半の、ラグビー選手のようながっしりした体格のエブライマさんは、日本の奨学金でガンビア大学を卒業して教師になったこともあって、大の日本びいきでした。彼はガンビアの発展の夢を描きながら、高校生の教育に没頭していました。

私は一日中取材して家に帰ると、高校から帰ってきたエブライマさんに、家の軒先で月の光を浴びながら、いろいろな質問をぶつけました。すると彼はそれがどういうことを意味するのか、その歴史的背景を解説してくれます。そのお陰で私はアフリカ社会に対して歴史的視点を持てるようになりました。

ある日、ガンビアの産業に話が及んだとき、エブライマさんは日本との比較をしました。彼はスポンサーに招待されて日本に行ったとき、つぶさに見て歩き、冷徹な眼差しで日本社会を観察しました。そして日本の繁栄の元にあるのは〝教育〟だと思うようになったのです。

教育は人間の能力を引き出す！

「新幹線や高層ビルや豊かな社会がうらやましいのではありません。いずれはガンビアもそうなれるでしょう。それよりも日本にその繁栄をもたらしている〝教育〟が確立されているのがうらやましかったのです。

日本は江戸時代にはすでに寺子屋や藩校が発達し、明治になると学校教育が整備され、国民の教育に力を入れました。その結果、産業が隆盛し、市民生活が豊かになりました。

いいえ、学校制度が整っているだけではありません。先人たちは苦労してつかみ取ったものを本として書き残しました。それが若い世代に読まれ受け継がれて、着実に文化となって積み上げられていました」

私は秋の虫が鳴いている軒先で、エブライマさんの話を聞きながら、彼の観察の鋭さに驚きました。

「ガンビアがアフリカでも最貧国といわれるほど貧しいのは、先人の知恵が引き継がれていないために、民度が低く、産業が発達しなかったからです。日本は大企業だけが優秀なのではなく、それを支える中小企業が裾野のように広がっていて、そこにも技能が集積されていました。私はそこに日本の社会の厚みとすごさがあると感じました」

エブライマさんが高校の教師になったのも、ガンビアを近代国家につくり上げていく人物を育てなければ、この国に未来はないと感じたからだそうです。日本視察はエブライマさんに祖国建設の確かな視点を与えたようでした。私は彼の話を聞いて改めて、本や古典が持っている力のすごさを知りました。ある意味で、堀地さんと同じ認識に立ったと言えるように思います。

志の継承は本によって行われる

堀地さんを奮起させたのは、百三十数年前、スティーヴンソンによって書かれた一冊の本でした。それから五十年あまりの奮闘によって事業が確立し、次の世代に引き継がれようとしています。

今回私は、図らずも共著の機会をいただき、改めて吉田松陰先生の軌跡と思想を調べ直しました。そして松陰先生は〝志〟を後代に継承させるため、〝種子〟を形成することに誠心誠意尽くしておられることを再確認しました。

堀地さんもまた種子を残そうとして、営々と努力された方でした。その遺志を少しでも伝えようと思い、この書を書き上げました。そのためにも堀地さんを奮起させたスティーヴンソンの文章を、資料として英文と訳文の両方を掲載することにしました。

堀地さんに最後にお会いしたのは、逝去される三日前、千葉大学医学部附属病院の病室でした。書き上がった原稿に目を通し、さらにつけ加えるべき点を指示されました。この本を完成するため、文字通り死力を振り絞られたのでした。壮烈な闘いで、ただただ頭がさがりました。心からご冥福をお祈り申し上げます。

緊急出版するに当たって廣済堂出版の真野はるみさんから多大な協力をいただきました。紙面をお借りして感謝申し上げます。

《資料》

吉田寅次郎

ロバート・ルイス・スティーヴンソン

はじめに

このページの冒頭に掲げた名前は、おそらくイギリスの読者が知っている名前ではない。しかし、私は吉田寅次郎《とらじろう》（松陰《しょういん》）の名はガリバルディ[1]やジョン・ブラウン[2]の名と同じように、人々の話題にのぼる名前になるべきだと思う。いつの日か、遠からずして、吉田の生涯の詳しい記述や、彼が日本の変革に及ぼした影響の程度について、さらに詳細なものが聞けるだろうと期待している。

現在でもこの問題を熟知しているイギリス人がいるに違いないし、おそらくこの小文が出版されれば、いっそう完全で正確な情報が提供されるだろうと思う。

1 ガリバルディ（1807〜1882）イタリアの愛国の志士。一八四八年、ローマ市民を扇動して、法王を追い払う。イタリア統一の立役者。

2 ジョン・ブラウン（1800〜1859）アメリカの急進的な奴隷廃止論者。逃亡奴隷を助ける「地下鉄道」で活動。奴隷解放の反乱を起こし、絞首刑に処せられた。

正確には私は本論の著者ではない。私は聡明な日本の紳士正木退蔵《まさきたいぞう》が情熱をもって語ってくれた話を元にこの原稿を書いた。私も幾分かは骨折り、草稿を彼に送って校正してもらったりしたが、それでもこれは不完全な略述に過ぎない。

地方を探査して、実情を探る

吉田寅次郎は長州藩毛利家代々の兵学師範の養子になった。その名前はフランス語のように各音節に等しいアクセントを置き、母音はイタリア語のように、子音は英語のように発音する。例外はjだけで、これはフランス語の発音、すなわちzhと表記するほうが適切だと思う。

吉田は漢学（あるいは中国古典と呼んだほうがいいかもしれない）と、養父の専門である兵学に通暁《つうぎょう》し、築城術は彼が好きな研究の一つだ。また幼年時代から詩作に卓越していた。

吉田は生まれながらの熱烈で知的な愛国者だ。日本が置かれている状況は彼の大きな関心事だ。祖国のよりよき未来を描きながらも、自国の現在の状況についての知識を増やす機会があれば、決して逃すことはしなかった。

青年時代の吉田はこの目的のため、ときに三日分の食糧を背にして、徒歩で絶えず遊歴していた。これはすべての駿傑《しゅんけつ》に特有な姿勢で、彼もまた勇敢でかつ自立的だった。

吉田は旅をしながら詳細な日記をつけていたが、どうも失われてしまったようだ。これが失われてしまったとすると、取り返しのつかない損失だといっても過言ではない。それはそれとして、吉田がこの時期、遠くはるばる探査の旅をしたことは驚くに値する。

あの時代、教養ある人は親身なもてなしを受けると、お礼に詩を書き残したものである。同じような遍歴の旅をした正木の友人は、日本の極めて辺鄙《へんぴ》な土地に、吉田の足跡を発見したという。

政治は事前の準備が不必要な、おそらく唯一の職業だと思われる。

でも吉田はそのようには考えなかった。同胞の悲哀についても、単にその救済策を講ずるためだけではなく、一冊の書物を書き著《あらわ》そうとするかのように、注意深さと探求心をもって研究した。吉田のように熱烈で誠実な人には、自分の調査が必ずしも満足の行くものではなかったようだ。彼が日本の現状に不満を抱いていたことは、改革に没頭した彼の熱烈さが物語っている。ほかの人なら落胆したようなことでも、吉田はかえって情熱を奮い立たせた。

日本の防衛をいかにすべきか

兵学を講じるとき、彼の心を占めていたのは、第一に日本の防衛のことだった。日本の対外的な弱さはわが物顔に跋扈《ばっこ》する外国人の態度や、巨大な軍艦の到来を見れば明らかなことだ。周りを海に囲まれた日本は、包囲された国も同然だった。

かくして吉田の愛国心は、自ら失敗を呼び寄せたという形になった。最初は極めて強力な外国勢力を打ち払おうとしたが、かえって外国勢力につけ入られることになってしまった。

しかし、自分の純粋な心情に忠実な者は、いつも終局においては最高のもののために奮闘していたのだと認められる。目覚めた人にあっては、一つの事態はそれだけで終始することなく、その結果が次の事態の原因となり、上向きの進歩を遂げながら、自然に次々と連続していく。これら外国人たちの力と知識は分かつことはできないものだった。

吉田は外国の軍事力を羨望《せんぼう》し、その背景にある文化をも羨望した。軍事力において外国勢力に匹敵したいという願いを抱いており、文化においても彼らに比肩《ひけん》するようになりたいと欲していた。

かくして吉田は同じ著書の中で、天皇がおられる京都の防衛を堅固にするとともに、京都に外人教師による大学を設置しようと提案した。おそらく吉田は他国の悪いところを除いて長所を取り入れ、外国人の知識が日本に利するようにし、自国の美風が他国から冒されないようにと念願したのだ。

米国への密航を企てる

しかし、吉田の願望が意図するものが何であろうと、それを達成することは困難だと思われた。誰か眼力と理解力を兼ね備えた者が、役人の監視線を突破して新世界へ脱出し、その地でこの異文明を研究しなければならないと考えるようになった。

誰が吉田よりもこの任務の適材であり得ただろうか。その任務は危険を伴ったが、吉田は恐れなかった。その任務には洞察力が必要だ。吉田は幾多の遊歴を通して、観察能力を身につけていた。

そのころ、吉田は二十二歳。ペリー提督が江戸の近くに停泊しているという知らせが萩に入ったとき、吉田の心の中で前述したことはすべて明瞭になった。

憂国の士にとって好機が到来したのでした。

吉田はそのころは藩政府の顧問役の間ではまだ信用があった。吉田の教養や見識、預言者的魅力や燦然《さんぜん》と輝く説得力によって、多くの誠実な信奉者を得ていたからである。

吉田は江戸で兵学を研鑽《けんさん》する名目で萩を出る許可を得ると、江戸を目指して急いだ。そしてようやく到着したとき、ペリーはすでに抜錨《ばつびょう》して日本の水域から姿を消していた。

しかし、吉田はいったん着手すると、途中で引き返すような男ではなかった。

神よ、吉田に米国への密航をやり遂げさせたまえ!

吉田は兵法師範という役職を断念し、次の機会に備えて江戸に居残った。彼は藩主の意向に逆らう形で自分の意思表示をしたので、藩主の不興を買ったのだ。このことはイギリス人の私には十分には理解できない。

吉田は浪人の身となり、禄《ろく》を剥奪され、封建的放逐者《ほうちくしゃ》となった。故郷に足を踏み入れれば、逮捕は免れなかった。それでも、吉田は君臣の義務を損ねることはなかった。

藩主は浪人となった旧臣の行為に責任を負わされることはない。

だから正木は、松陰が藩主から自ら身を遠ざけることによって、藩主に累が及ばないようにしたのではないかと説明する。このことには、私には理解しがたい何か微妙な封建的習慣があるようだ。

たび重なる密航計画

江戸での吉田は明確には説明しにくい身分であり、しかもあらゆる生計の手段を断たれていたが、密航計画を支持する人々から温かい援助を受けた。その一人が、代々将軍の顧問を務めた佐久間象《しょう》山《ざん》だ。吉田は佐久間から金銭以上のものを学んだ。

佐久間は堅実にして高潔で、炯眼《けいがん》を備えており、自分自身は偉大な行為をなし得ないとしても、なし得る人を心から称讃し、歴史から感謝される人として推挙するような人物だった。そういう人物は、おそらく想像以上に、偉大さをいっそう助長する力を持っている。人々はそういう人のことを、夜陰に紛れて主イエスを訪れたニコデモ[3]と関連づけて考える。

3 ニコデモ
ユダヤ人の司で、隠れたキリストの弟子。新約聖書の「ヨハネ伝福音書」に登場する。

佐久間は吉田と表面的な交流をしたというより、実質的に示唆する立場にあった。佐久間はオランダ語を読め、砲術の知識を伝授することに熱心だった。

若き浪人吉田が江戸で兵学修行をしていたとき、ロシアの軍艦が長崎に滞留しているという知らせが届いた。機を逸してはならない。出立の用意をしている吉田に、佐久間は餞別《せんべつ》に激励の漢詩を贈った。

吉田は長崎へ徒歩で出発した。彼がたどった街道は故郷の長州藩を通っていたが、藩主がいる萩からは南のほうにかけ離れていたので、逮捕は免れた。

吉田は和歌がうまかったので、吟遊詩人《トルーベール》[4]のように折々和歌を詠んで携えた。町に着くと、剣術や和歌、俳句などの教養で世に知られた人の家を訪ねた。そこで彼の技芸を披露すると、供応を受けた。辞去するときは返礼のために歌を残した。

このようにして、中世を通過して発見の航海を続け、十九世紀に入った[5]。

4　吟遊詩人
フランス中世の叙情詩人。

5　これは極めて比喩的な文章で、松陰の旅が中世の吟遊詩人のようであり、アメリカ大陸を発見するコロンブスの航海のようでもあった。そして長崎に着いてみると、外国の船が往来する十九世紀の現代になっていた——という意味の叙述である。

長崎に着いてみると、またもやロシア艦隊は立ち去った後だった。しかし、たび重なる不運にもかかわらず、吉田はこの旅で得ることがあった。滞在している間にオランダ通詞たちから断片的な知識を得たのだ。彼ら通詞たちは下層階級に属していたが、いろいろな場面を見ており、感慨深い経験談を語ってくれた。吉田は意を強くして決意にあふれ、来たときと同じように元気になり、再び江戸に歩いて帰っていった。

引き続く失意のもとにあっても気落ちしなかったのは、吉田の若さと勇気だけでなく、絶えず新しい門弟たちがいたからだ。吉田はブルース[6]やコロンブスのような人が持つ執拗《しつよう》さがあったが、彼特有な適応性もあった。

吉田はいわゆる世俗的な成功ではなく、その行動が引き起こすこと以上に、ほかの人々に影響を与えるという〝報酬〟を求めたのだ。彼をどんな方向で阻止しても、別な出口を見つけて必ず出てくる。再び戦艦に乗りそこね、主な企ては依然として停滞していた。しか

6　ウィリアム・S・ブルース（一八六七～一九二一）スコットランドの科学者であり探検家。スティーヴンソンの生存中に南極探検を行った。

し、よりよい未来を築くために、吉田が啓発し、覚悟を固めさせなければならない日本人が一人でもいるかぎり、行動を止めるわけにはいかなかった。吉田は日本のために働いているのだと感じることができた。

金子重之助との出会い

吉田が長崎から帰ってくると、末頼もしい探求者[7]が彼を探して訪ねてきた。この男は平民階級の平侍で、紺屋《こうや》の生まれである。彼は吉田の行動をどこからともなく耳[8]にして、彼の密航計画に驚嘆の念を感じていた。

彼は佐久間象山や藩主の顧問たちとはまったく違った探求者だった。刀を二本差す武士階級ではなく、低い身分に生まれた教養のない平凡な庶民にしか過ぎなかった。吉田の短い生涯の間、あの感化力や燦然と輝く説得力は、いかなる逆境においても消えることはなかったが、その感化力がこの平侍の心をとらえ、魅惑し、その心を

7　金子重之助のこと。本書には金子の名前は登場しない。

8　吉田は長崎への途上、路傍でその青年に出会い、語り合った。その後、二人は別れたが、青年はその時聞いた話にとても心を打たれたので、吉田が家に帰ると訪ねてきて、その目的に命を差し出す決意を述べた。私は正木がこの話をしたとき、側にいたので、作者の不在を借りて、あえてこの訂正を挿入する。——F.J.
そして二つの説があることを再述しておかざるを得ない。——R.L.S.

変革した。

彼は即座に燃え上がり、真の熱狂者となった。彼の心はただただ師と仰ぐべき人を待っていたのだ。吉田の新しい思想から、彼はたちどころに得るものがあった。彼もまた異国の見慣れぬ土地に行き、日本を強国にし、刷新するような知識を得ようと思ったのだ。

この青年により十分な素養を積ませようと、吉田は漢文学を教え、彼は研鑽を積んだ。このことは吉田にとって誇りにすべきエピソードで、その青年だけでなく日本の庶民の能力と美徳にとっても、さらに光栄とすべきエピソードである。

ペリー来航と密航計画の実施

さて、ペリー提督はついに下田に引き返してきた。輩《ともがら》たちが吉田を取り囲み、援助し激励した。ある者は長さ三尺の非常に重たい太刀を贈った。吉田は狂喜して、遍歴の旅の間中腰に差し――はるか遠い旅をともにした武器として持ち帰ると誓った。

長い書翰《しょかん》がアメリカ士官あてに、漢文で準備された。それは象山によって修正、添削された。吉田は書翰に瓜中万二《うりなかまんじ》[9]の名で、青年は市木公太《いちきこうた》の名で署名した。

吉田は執筆のための筆記用具をたくさん用意していた。衣服を入れている包みには、視察して得た知識を書き込む予定の用紙が、文字通りぎっしり押し込まれていた。それは日本を強大で幸せな国にするはずのものだった。

こうして準備が整うと、この二人連れの移住者は江戸を出発し、日没ごろ下田に着いた。

旅が歴史のいかなる時期においても、いかなるヨーロッパ人に対しても、この勇猛な日本人に呈したのと同じ畏怖の顔つきを示したはずがない。最も勇気を要する極地探検よりも、ユリシーズ[10]が地獄に降り立ったことのほうが、この場合にいっそう類似している。二人の行動には先例がないからである。

9　瓜中万二は、『ペリー日本遠征記』にはクワンズチ・マンヂと書かれている。

10　ユリシーズ
ギリシャ伝説におけるイタカの王で、トロイ戦争の時のギリシャ軍の勇士、オデュッセウスの英語名。

渡航は国禁を犯すことだった。しかもそれは人間界の境を越えて、二人を悪魔の国に連れていくことのように思われた。異常な状況を予想して、二人が身震いしたとしても不思議ではない。

その青年は「中国風の朗詠で」、次の二行の漢詩を朗読した。これで彼が学問の成果を挙げていたことがわかるのだが、おそらくこれは二人の心境を述べていると思われる。

今夜は知らず、いずれの処にか宿らん
平沙《へいさ》万里《ばんり》人烟《じんえん》を絶つ[11]

吉田と彼は海辺に近い小さな社《やしろ》で横になって休息を取った。横になると二人を睡魔が襲った。目覚めたときは、日本における最後の朝の東の空はすでに白んでいた。漁夫の舟を一艘《いっそう》手に入れると、潮の干満を考慮して、はるか沖合に停泊しているペリーの艦隊に向けて漕ぎ出した。二人が軍艦に乗り移ったこと自体が決意をよく表し

11　岑参《しんしん》の「磧中《せきちゅう》の作」の転結。上の二句は「馬を走らせて西に来たり　天に到らんと欲す　家を辞してより月の両回円《まど》かなるを見る」

ていた。軍艦に手をかけるや否や、引き返すことができないようにするために、小舟を足で蹴って押しやったのだ。

読者はこれで一切は首尾よくいったと思われただろう。しかし、提督は幕府と条約を結んだとき、日本人が日本を脱出するのに手を貸すことはしないと約束していた。だから吉田とその門人は囚人として下田の番所に手渡された。

密航失敗と投獄

米国に行って米国人の実際を探るつもりだったのに、吉田は下田の番所の、横になるには狭すぎ、直立するには低すぎる独房で眠る羽目になった。説明するにはあまりにも大きな挫折だった。

佐久間象山は吉田に与えた書翰の筆跡によって特定され、巻き添えとなって逮捕され、家郷に送還され幽閉の身となったが、ほどなく釈放された。吉田と従者は長くみじめな囚《とら》われの苦汁をなめ、従者は在獄中に皮膚病で死んだ。

しかし、吉田のような人物を繋留《けいりゅう》の身とするのは容易ではない。不運のため挫折することはない精神の持ち主を、牢獄に幽閉しようとしても無駄だ。吉田は不屈の積極性を発揮して藩政府に上書を書き、自説を流布するために論説を書いた。囚人が論説を流布することは禁じられていたが、看守がいつも味方してくれたので、その散布は困難なことはなかった。幕府や藩が彼の牢獄を変えたとしても無駄だった。

幕府が吉田の牢獄を移したとしても、新しい思想の伝播《でんぱ》を速めただけだった。吉田は人に彼の思想を広めるためには新しい牢獄に移りさえすればよかった。このようにして、彼自身は監禁の身でありながら、国中に信奉者が広がっていった。

吉田は下田の獄舎から将軍の獄舎に移され、主君である長州藩主の獄舎に引き渡された。日本を脱出しようとしたために課せられた刑期を務め終え、浪人すなわち、封建的放逐者として、些細な起訴によって地方の出身の藩に渡された。

この転獄は吉田にとって非常に重要なことだった。藩主の幕僚の中の崇拝者たちの力によって、吉田は自宅に蟄居《ちっきょ》することを内密に許された。自宅では仲間の改革者たちと意見交換するとともに、教育の仕事に従事しようと、若年者の教育を引き受けた。

だからといって彼は自由だったのではない。自由にするには余りにも要注意人物でありすぎた。行動の自由は屋敷内の小範囲に限定され、警吏《けいり》の監視付きで暮らした。しかし、幽閉の身でありながら、これほどの大事を成し遂げた吉田にとって、実家での生活は得るところの多い自由だと思えたに違いない。

少年の目に映った松陰

私に吉田のことを語ってくれた正木が吉田と個人的な交わりを持ったのはこの時期である。かくして私たちは、当時十三歳だった少年の目を通して、この英傑の性格や習慣を知ることができる。吉田は醜《みにく》く、おかしいほど痘瘡《とうそう》の跡が残っていた。自然は初めから物惜しみして、吉田によい容貌を与えなかったが、吉田自身も身の回りのことにあまり構わなかった。衣服は粗末だったし、食事や洗面のときは袖で手をふいた。髪は二カ月に一度ぐらいしか結わなかったので、見苦しいことがしばしばあった。こんな様子だったので、吉田が結婚しないことを容易に信じることができた。

言葉づかいは激しく乱暴だったが、ふるまいは温和で、立派な教師だった。講義は難解なため門下生の頭上を素通りするばかりで、そのため彼らは唖然としたが、吉田は気にも留めなかった。

しかし、学問に対する情熱はすこぶる激しく、自然な睡眠すら惜しんだ。読書中に眠くなると、夏だと着物の袖の下の腕に蚊を止まらせて刺させて眠気を覚ました。冬は履物を脱いで裸足で雪の上を走って眠気を取り除いた。

吉田は格別に悪筆で、よく和歌を詠んだが、それを流麗に書き表すような趣味はなかった。日本は美しい文字を書くことが紳士のたしなみとされる国だが、吉田は事態の緊迫さと信念から生まれる情熱のため、文字が揺れ動いて乱れても意に介さなかった。

賄賂《わいろ》は、相手がそれらしい素振りを見せただけで、我慢ならなかった。賄賂は、日本においてはその近隣の国々と同じように、多くの悪の根源だった。

ある商人が息子を教育してもらいに連れてきて、慣習[12]に従って、わずかばかりの菓子料をそっと差し出すと、吉田は怒りを爆発させ、その金銭をその商人の顔に投げつけた。そんなことがあったので、塾中にそのことが知れ渡ってしまった。

正木が吉田を知った当時は、吉田は獄舎での苦渋のためとても弱っており、密航するとき贈呈された長さ三尺の刀も彼には重すぎて、持ち歩くにも苦労していた。それでも菜園を掘り起こしに出るときも、常に帯刀していた。

このことは何となく、吉田という人物を特徴づけるものがある。性格の弱い者なら、密航失敗を思い出させるこの刀を見ることすら避けていただろう。しかし吉田は、「あなたの失敗を、勇気をもっ

12　その商人が、自分では受ける資格のない武士の教育を息子に受けさせようとして、内密に努力しているのだということが、私には理解できた。——F.J.

て無視し得るなら、失敗は成功と何ら異なりはしない」というソロー[13]と同じ考え方をしていて、意に介しなかった。

彼は熱烈な夢を当惑することなく振り返ることができた。もし密航が意に反して目的を遂行できなかったとしても——それはただ、勇を鼓し、不屈の決意をもって、別の目的に当たるための理由を強めるに過ぎなかった。たとえ刀を外国に携えていくことができなかったとしても、その刀は少なくとも生涯を日本のために捧げたことの証拠だった。

これが塾生の目に映った吉田の姿だが、塾生気質《かたぎ》から語られたものではない。これほど体裁に無関心な吉田は、少年や婦女子にとっては一顧に価しない存在だったようだ。

実際、私たちは誰もが通学の経験があるから、吉田が塾生から物笑いの種にされたことに驚きはしない。生徒は鋭いユーモアのセンスがあるものだ。生徒は書物の中では英傑を理解し、尊敬する。しかし、同時代の人の場合には、その人がどんなに優れた特性を持っ

13　ヘンリー・デイビッド・ソーロー（一八一七〜一八六二）アメリカの超絶主義の著述家。代表作は森林生活を称える随想『ウォールデン』

ていたとしても、薄汚れて一風変わっている教師が、まさか英雄であるとは認めないものだ。

しかし歳月が流れ、吉田の門人たちが理論的に完全無欠の人物を身近に見つけようとしても無駄だとわかり、また吉田の薫陶の意味を深く理解し始めると、門人たちは日常接していた滑稽にも見えた教師が実は人類の中で最も高潔な人物だったと思うようになった。

老中間部詮勝の暗殺未遂事件

吉田の短いが充実した生涯における最後の計画が身近に迫っていた。彼の試みのうち、いくつかは成就した。オランダの教師たちはすでに長崎に入ることを許されていたし、日本は全体としては新しい学問を熱心に探究していた。

改革は始まっていたけれども、将軍の権力によって妨害され、脅迫され、危機に瀕していた。大老は——護衛の真っただ中にありながら、雪中で暗殺された人物であるが——学究の徒がオランダ人の所へ行くことを差し止めたばかりでなく、間諜《かんちょう》や探偵を使い、投獄や死罪によって、最も聡明で活動的な人物を日本から減じていた。それは、学問を投獄し、勇気を断頭台に乗せ、羊とロバのほかは何も残らなくなると、その国が救われたことになるというような、いまにも崩壊しそうな古い国の物語と同じだ。

しかし、一個人が革命を阻止しようとしてもできない。大老がいかに身辺を護衛者で固めていようと、吉田と彼の従者のような人物を生んだ藩を抑圧することはできない。元老大君の暴虐は、将軍の統治が違法であることに注意を向けさせるに役に立つだけだった。

人々は忠誠心を幕府や将軍から、京都に閑居し、長い間忘れられていたミカド（天皇）のほうに転じ始めた。そのためかどうかは別にして、この危機に際して、将軍と天皇の関係が緊迫してくると、将軍の補佐役である老中[14]は正統な主権者のミカドに恥辱を加えようとして京都に向かった。

このことは事件の成り行きを速めた。ミカドを守護することは

14　間部詮勝のこと。しかし、事実はこの文章と少し違っており、勤王の志士の捕縛のために京都に赴いた。

一種の宗教だったし、幕府の暴君的で流血を伴った弾圧（安政の大獄）に対抗することは、明らかに政治的正義だった。

吉田にとって行動を起こすべき時期が到来したように思えた。吉田自身はまだ長州に幽閉の身だ。彼にとって知性以外に自由になるものはなく、老中に対して知性で剣を磨いた。

門下生の一団は江戸から京都に向かうある村で、この暴君を待ち伏せし、嘆願書を差し出した上で殺害する予定だった。[15] しかし吉田とその友輩たちは厳重に監視されていた。そして二人の首謀者——十八歳の少年とその兄の、あまりに遠い討伐の旅は当局の疑惑を引き起こし、陰謀はすべて露見し、連累者全員が逮捕されるに至った。

15　史実は藩主を討幕運動に巻き込んで、そのさきがけにする予定だった。

伝馬町牢獄での最期

江戸の伝馬町牢獄では——再びそこに檻送《かんそう》されたのだが——吉田は再び厳重な監禁の身となった。しかし、この最後の試練のときにおいても、誰からも共鳴を得られないままではなかった。隣の独房に、南国薩摩の山国生まれの改革者日下部《くさかべ》伊三治《いそうじ》[16]という志士がいた。彼は異なった事件で投獄されていたのだが、意図するところは同じだった。日本のために、同じ信念と抱負を分かち合っていた。二人は獄舎の壁越しに、長時間にわたって幾度となく会話した。そして二人は深く共感するようになった。

奉行の前には日下部のほうが先に引き出された。そして判決が言い渡されると吉田の窓の下を通って、処刑場に引かれていった。もし頭を振り向けたら、仲間の囚人を連座させることになっただろう。日下部は吉田を流し目で見ると、次の二行の漢詩を大きく声を張り上げて吟誦し、別れを告げた。

大丈夫《だいじょうふ》、寧《むし》ろ玉砕すべきも
瓦全する能《あた》わず[17]

16　安政五年（一八五八）十二月十七日、伝馬町の獄で病死した。松陰は日下部とは生前面識はなく、同囚から日下部の逸話を聴いて、深く共感したらしい。

17　これは、正しくは漢詩ではなく史書『北斉書』の一部である。「形を留めることにべんべんとして、ごく普通のありふれた瓦に堕してしまうよりも、むしろ玉として潔く砕け散った方がいい」の意。伝馬町の獄でこの漢詩を吟じたのは、高松藩士の長谷川宗右衛門である。この逸話をスティーヴンソンに伝えた正木退蔵の記憶違いと思われる。

こうして薩摩の山国の藩士日下部は、現世の舞台から姿を消した。彼の死はいにしえの名士の死にも似ていた。

しばらくして、吉田も評定所に呼び出された。彼の最期の場面は、それまでの生涯にふさわしく、しかも一生の栄誉を飾るものとなった。

吉田は機会をとらえて、並みいる者に自分の計画を話し、その計画を誇りに思った。聴き入る者たちに自国の歴史を語り、ついには将軍の権力は不法だと言い、その権力の行使は歴史の汚点だと説いた。

こうして言うべきことを言い終えると、吉田は引き立てられ、処刑された。齢《よわい》、三十一歳[18]だった。

兵法学者、勇敢な遍歴者（少なくとも願望としてはそうだった）、詩人、憂国の士、教育者、学究の徒、改革への殉教者——このように多方面の役割を果たして自国に貢献した人物で、七十歳まで平和裡《り》に生きながらえた人は多くはない。

18　数え年三十歳、満二十九歳が正しい。

吉田は思想の点でも聡明にして先見の明があったが、実行の点においても、最も熱烈な英傑の一人だった。看守たちをも敬服させた人柄、衰えを知らない燃えるような熱情、敗北を克服しようとする執念——この中のどれが最も顕著だったかは言い難い。

吉田が企てた独自の計画はいずれも失敗したが、全体としていまの日本の姿を見れば、彼の成功が完璧なものだったことがわかる。吉田の同志や門下生たちは、いまでは十二年ほど前のことになるが、あの最終的な改革（明治維新）において、多く指導者になった。その多くは日本の為政者の中でも最も高い地位にあり、現在はそうでなくても、少し前までは高位にいて、指揮をとっていたのだ。

私たちの周囲に風変わりな風采をし、活発で聡明な学生を見かけたら、徒歩で長州から江戸へ、江戸から長崎へ、長崎から江戸へ再び引き返した吉田のことを思い起こすべきだ。吉田が衣服に筆記用具を押し込んでアメリカの軍艦に乗り込み、獄舎で苦悶し、ついには命まで投げ捨てたことを決して忘れてはならない。彼は現在の日本が大いに享受している実益を手に入れようとして、生命と力と余暇のすべてを捧げたのだ。

佐久間象山のように単に危害を逃れるよりも、吉田のように死滅するほうが優れている。薩摩の日下部も、「むしろ玉となって潔く砕け散るほうがいい」と言っているではないか。

称えるべき東洋の高邁な一国民

最後に一言、付け加えておかなければならない。これは英雄的な一個人の話であるとともに、ある英雄的な一国民の話であることを見逃さないでほしいと願う。

吉田のことを脳裏に刻み込むだけでは十分ではない。あの平侍のことも、日下部のことも、熱心さのあまりつい計画を漏らしてしまった長州の十八歳の少年野村（和作）のことも忘れてはならない。

このような広大な志を抱いた人々と同時代に生きてきたことは喜ばしいことである。宇宙の比率からすれば、イギリスからわずか数マイルしか離れていない日本で、私が日々のやるべき務めを怠っている間に、吉田は眠気を覚まそうとして自ら蚊に刺され、自分を責めさいなんでがんばっていた。そして読者がわずかな所得税を惜しんでいる間に、日下部は高邁《こうまい》な漢詩を朗詠して、死に向かって敢然と歩みを進めていたのだ。

（訳　神渡良平）

YOSHIDA-TORAJIRO

Robert Louis Stevenson

THE name at the head of this page is probably unknown to the English reader, and yet I think it should become a household word like that of Garibaldi or John Brown. Some day soon, we may expect to hear more fully the details of Yoshida's history, and the degree of his influence in the transformation of Japan; even now there must be Englishmen acquainted with the subject, and perhaps the appearance of this sketch may elicit something more complete and exact. I wish to say that I am not, rightly speaking, the author of the present paper: I tell the story on the authority of an intelligent Japanese gentleman, Mr. Taiso Masaki, who told it me with an emotion that does honour to his heart; and though I have taken some pains, and sent my notes to him to be corrected, this can be no more than an imperfect outline.

Yoshida-Torajiro was son to the hereditary military instructor of the house of Choshu. The name you are to pronounce with an equality of accent on the different syllables, almost as in French, the vowels as in Italian, but the consonants in the English manner—except the j, which has the French sound, or, as it has been cleverly proposed to write it, the sound of zh. Yoshida was very learned in Chinese letters, or, as we might say, in the classics, and in his father's subject; fortification was among his favourite studies, and he was a poet from his boyhood. He was born to a lively and intelligent patriotism; the condition of Japan was his great concern; and while he projected a better future, he lost no opportunity of improving his knowledge of her present state. With this end he was continually travelling in his youth, going on foot and sometimes with three days' provision on his back, in the brave, self-helpful manner of all heroes. He kept a full diary while he was thus upon his journeys, but it is feared that these notes have been destroyed. If their value were in any respect such as we have reason to expect from the man's character, this would be a loss not easy to exaggerate. It is still wonderful to the Japanese how far he contrived to push these explorations; a cultured gentleman of that land and period would leave a complimentary poem wherever he had been hospitably entertained; and a friend of Mr. Masaki, who was likewise a great wanderer, has found such traces of Yoshida's passage in very remote regions of Japan.

Politics is perhaps the only profession for which no preparation is thought necessary; but Yoshida considered otherwise, and he studied the miseries of his fellow-countrymen with as much attention and research as though he had been going to write a book instead of merely to propose a remedy. To a man of his intensity and singleness, there is no question but that this survey was melancholy in the extreme. His dissatisfaction is proved by the eagerness with which he threw himself into the cause of reform; and what would have discouraged another braced Yoshida for his task. As he professed the theory of arms, it was firstly the defences of Japan that occupied his mind. The external feebleness of that country was then illustrated by the manners of overriding barbarians, and the visit of big barbarian war ships: she was a country beleaguered. Thus the patriotism of Yoshida took a form which may be said to have defeated itself: he had it upon him to keep out these all-powerful foreigners, whom it is now one of his chief merits to have helped to introduce; but a man who follows his own virtuous heart will be always found in the end to have been fighting for the best. One thing leads naturally to another in an awakened mind, and that with an upward progress from effect to cause. The power and knowledge of these foreigners were things inseparable; by envying them their military strength, Yoshida came to envy them their culture; from the desire to equal them in the first, sprang his desire to share with them in the second; and thus he is found treating in the same book of a new scheme to strengthen the defences of Kioto and of the establishment, in the same city, of a university of foreign teachers. He hoped, perhaps, to get the good of other lands without their evil; to enable Japan to profit by the knowledge of the barbarians, and still keep her inviolate with her own arts and virtues. But whatever was the precise nature of his hope, the means by which it was to be accomplished were both difficult and obvious. Some one with eyes and understanding must break through the official cordon, escape into the new world, and study this other civilisation on the spot. And who could be better suited for the business? It was not without danger, but he was without fear. It needed preparation and insight; and what had he done since he was a child but prepare himself with the best culture of Japan, and acquire in his excursions the power and habit of observing?

He was but twenty-two, and already all this was clear in his mind, when news reached Choshu that Commodore Perry was lying near to Yeddo. Here, then, was the patriot's opportunity. Among the Samurai of Choshu, and in particular among the councillors of the Daimio, his general culture, his views, which the enlightened were eager to accept, and, above all, the prophetic charm, the radiant persuasion of the man, had gained him many and sincere disciples. He had thus a strong influence at the provincial Court; and so he obtained leave to quit the district, and, by way of a pretext, a privilege to follow his profession in Yeddo. Thither he hurried, and arrived in time to be too late: Perry had weighed anchor, and his sails had vanished from the waters of Japan. But Yoshida, having put his hand to the plough, was not the man to go back; he had entered upon this business, and, please God, he would carry it through; and so he gave up his professional career and remained in Yeddo to be at hand against the next opportunity. By this behaviour he put himself into an attitude towards his superior, the Daimio of Choshu, which I cannot thoroughly explain. Certainly, he became a Ronyin, a broken man, a feudal outlaw; certainly he was liable to be arrested if he set foot upon his native province; yet I am cautioned that "he did not really break his allegiance," but only so far separated himself as that the prince could no longer be held accountable for his late vassal's conduct. There is some nicety of feudal custom here that escapes my comprehension.

In Yeddo, with this nondescript political status, and cut off from any means of livelihood, he was joyfully supported by those who sympathised with his design. One was Sakuma- Shozan, hereditary retainer of one of the Shogun's councillors, and from him he got more than money or than money's worth. A steady, respectable man, with an eye to the world's opinion, Sakuma was one of those who, if they cannot do great deeds in their own person, have yet an ardour of admiration for those who can, that recommends them to the gratitude of history. They aid and abet greatness more, perhaps, than we imagine. One thinks of them in connection with Nicodemus, who visited our Lord by night. And Sakuma was in a position to help

Yoshida more practically than by simple countenance; for he could read Dutch, and was eager to communicate what he knew.

While the young Ronyin thus lay studying in Yeddo, news came of a Russian ship at Nangasaki. No time was to be lost. Sakuma contributed "a long copy of encouraging verses;" and off set Yoshida on foot for Nangasaki. His way lay through his own province of Choshu; but, as the highroad to the south lay apart from the capital, he was able to avoid arrest. He supported himself, like *a trouvère*, by his proficiency in verse. He carried his works along with him, to serve as an introduction. When he reached a town he would inquire for the house of any one celebrated for swordsmanship, or poetry, or some of the other acknowledged forms of culture; and there, on giving a taste of his skill, he would be received and entertained, and leave behind him, when he went away, a compliment in verse. Thus he travelled through the Middle Ages on his voyage of discovery into the nineteenth century. When he reached Nangasaki he was once more too late. The Russians were gone. But he made a profit on his journey in spite of fate, and stayed awhile to pick up scraps of knowledge from the Dutch interpreters—a low class of men, but one that had opportunities; and then, still full of purpose, returned to Yeddo on foot, as he had come.

It was not only his youth and courage that supported him under these successive disappointments, but the continual affluence of new disciples. The man had the tenacity of a Bruce or a Columbus, with a pliability that was all his own. He did not fight for what the world would call success; but for "the wages of going on." Check him off in a dozen directions, he would find another outlet and break forth. He missed one vessel after another, and the main work still halted; but so long as he had a single Japanese to enlighten and prepare for the better future, he could still feel that he was working for Japan. Now, he had scarce returned from Nangasaki, when he was sought out by a new inquirer, the most promising of all. This was a common soldier, of the Hemming class, a dyer by birth, who had heard vaguely(1) of Yoshida's movements, and had become filled with wonder as to their design. This was a far different inquirer from Sakuma-Shozan, or the councillors of the Daimio of Choshu. This was no two-sworded gentleman, but the common stuff of the country, born in low traditions and unimproved by books; and yet that influence, that radiant persuasion that never failed Yoshida in any circumstance of his short life, enchanted, enthralled, and converted the common soldier, as it had done already with the elegant and learned. The man instantly burned up into a true enthusiasm; his mind had been only waiting for a teacher; he grasped in a moment the profit of these new ideas; he, too, would go to foreign, outlandish parts, and bring back the knowledge that was to strengthen and renew Japan; and in the meantime, that he might be the better prepared, Yoshida set himself to teach, and he to learn, the Chinese literature. It is an episode most honourable to Yoshida, and yet more honourable still to the soldier, and to the capacity and virtue of the common people of Japan.

(1) Yoshida, when on his way to Nangasaki, met the soldier and talked with him by the roadside; they then parted, but the soldier was so much struck by the words he heard, that on Yoshida's return he sought him out and declared his intention of devoting his life to the good cause. I venture, in the absence of the writer, to insert this correction, having been present when the story was told by Mr. Masaki. —F. J. And I, there being none to settle the difference, must reproduce both versions. —R. L. S.

And now, at length, Commodore Perry returned to Simoda. Friends crowded round Yoshida with help, counsels, and encouragement. One presented him with a great sword, three feet long and very heavy, which, in the exultation of the hour, he swore to carry throughout all his wanderings, and to bring back—a far-travelled weapon—to Japan. A long letter was prepared in Chinese for the American officers; it was revised and corrected by Sakuma, and signed by Yoshida, under the name of Urinaki-Manji, and by the soldier under that of Ichigi-Koda. Yoshida had supplied himself with a profusion of materials for writing; his dress was literally stuffed with paper which was to come back again enriched with his observations, and make a great and happy kingdom of Japan. Thus equipped, this pair of emigrants set forward on foot from Yeddo, and reached Simoda about nightfall. At no period within history can travel have presented to any European creature the same face of awe and terror as to these courageous Japanese. The descent of Ulysses into hell is a parallel more near the case than the boldest expedition in the Polar circles. For their act was unprecedented; it was criminal; and it was to take them beyond the pale of humanity into a land of devils. It is not to be wondered at if they were thrilled by the thought of their unusual situation; and perhaps the soldier gave utterance to the sentiment of both when he sang, "in Chinese singing" (so that we see he had already profited by his lessons), these two appropriate verses:

"We do not know where we are to sleep to-night,
In a thousand miles of desert where we can see no human smoke."

In a little temple, hard by the sea-shore, they lay down to repose; sleep overtook them as they lay; and when they awoke, "the east was already white" for their last morning in Japan. They seized a fisherman's boat and rowed out—Perry lying far to sea because of the two tides. Their very manner of boarding was significant of determination; for they had no sooner caught hold upon the ship than they kicked away their boat to make return impossible. And now you would have thought that all was over. But the Commodore was already in treaty with the Shogun's Government; it was one of the stipulations that no Japanese was to be aided in escaping from Japan; and Yoshida and his followers were handed over as prisoners to the authorities at Simoda. That night he who had been to explore the secrets of the barbarian slept, if he might sleep at all, in a cell too short for lying down at full length, and too low for standing upright. There are some disappointments too great for commentary.

Sakuma, implicated by his handwriting, was sent into his own province in confinement, from which he was soon released. Yoshida and the soldier suffered a long and miserable period of captivity, and the latter, indeed, died, while yet in prison, of a skin disease. But such a spirit as that of Yoshida-Torajiro is not easily made or kept a captive; and that which cannot be broken by misfortune you shall seek in vain to confine in a bastille. He was indefatigably active, writing reports to Government and treatises for dissemination. These latter were contraband; and yet he found no difficulty in their distribution, for he always had the jailor on his side. It was in vain that they kept changing him from one prison to another; Government by that plan only hastened the spread of new ideas; for Yoshida had only to arrive to make a convert. Thus, though he himself has laid by the heels, he confirmed and extended his party in the State.

At last, after many lesser transferences, he was given over from the prisons of the Shogun to those of his own superior, the Daimio of Choshu. I conceive it possible that he may then have served out his time for the attempt to leave Japan, and was now resigned to the provincial Government on a lesser count, as a Ronyin or feudal rebel. But, however that may be, the change was of great importance to Yoshida; for by the influence of his admirers in the Daimio's council, he was allowed the privilege, underhand, of dwelling in his own house. And there, as well to keep up communication with his fellow-reformers as to pursue his work of education, he received boys to teach. It must not be supposed that he was free; he was too marked a man for that; he was probably assigned to some small circle, and lived, as we should say, under police surveillance; but to him, who had done so much from under lock and key, this would seem a large and profitable liberty.

It was at this period that Mr. Masaki was brought into personal contact with Yoshida; and hence, through the eyes of a boy of thirteen, we get one good look at the character and habits of the hero. He was ugly and laughably disfigured with the smallpox; and while nature had been so niggardly with him from the first, his personal habits were even sluttish. His clothes were wretched; when he ate or washed he wiped his hands upon his sleeves; and as his hair was not tied more than once in the two months, it was often disgusting to behold. With such a picture, it is easy to believe that he never married. A good teacher, gentle in act, although violent and abusive in speech, his lessons were apt to go over the heads of his scholars, and to leave them gaping, or more often laughing. Such was his passion for study that he even grudged himself natural repose; and when he grew drowsy over his books he would, if it was summer, put mosquitoes up his sleeve; and, if it was winter, take off his shoes and run barefoot on the snow. His handwriting was exceptionally villainous; poet though he was, he had no taste for what was elegant; and in a country where to write beautifully was not the mark of a scrivener but an admired accomplishment for gentlemen, he suffered his letters to be jolted out of him by the press of matter and the heat of his convictions. He would not tolerate even the appearance of a bribe; for bribery lay at the root of much that was evil in Japan, as well as in countries nearer home; and once when a merchant brought him his son to educate, and added, as was customary(1), a little private sweetener, Yoshida dashed the money in the giver's face, and launched into such an outbreak of indignation as made the matter public in the school. He was still, when Masaki knew him, much weakened by his hardships in prison; and the presentation sword, three feet long, was too heavy for him to wear without distress; yet he would always gird it on when he went to dig in his garden. That is a touch which qualifies the man. A weaker nature would have shrunk from the sight of what only commemorated a failure. But he was of Thoreau's mind, that if you can "make your failure tragical by courage, it will not differ from success." He could look back without confusion to his enthusiastic promise. If events had been contrary, and he found himself unable to carry out that purpose—well, there was but the more reason to be brave and constant in another; if he could not carry the sword into barbarian lands, it should at least be witness to a life spent entirely for Japan.

(1) I understood that the merchant was endeavouring surreptitiously to obtain for his son instruction to which he was not entitled.—F. J.

This is the sight we have of him as he appeared to schoolboys, but not related in the schoolboy spirit. A man so careless of the graces must be out of court with boys and women. And, indeed, as we have all been more or less to school, it will astonish no one that Yoshida was regarded by his scholars as a laughing-stock. The schoolboy has a keen sense of humour. Heroes he learns to understand and to admire in books; but he is not forward to recognise the heroic under the traits of any contemporary man, and least of all in a brawling, dirty, and eccentric teacher. But as the years went by, and the scholars of Yoshida continued in vain to look around them for the abstractly perfect, and began more and more to understand the drift of his instructions, they learned to look back upon their comic school-master as upon the noblest of mankind.

The last act of this brief and full existence was already near at hand. Some of his work was done; for already there had been Dutch teachers admitted into Nangasaki, and the country at large was keen for the new learning. But though the renaissance had begun, it was impeded and dangerously threatened by the power of the Shogun. His minister—the same who was afterwards assassinated in the snow in the very midst of his bodyguard—not only held back pupils from going to the Dutchmen, but by spies and detectives, by imprisonment and death, kept thinning out of Japan the most intelligent and active spirits. It is the old story of a power upon its last legs—learning to the bastille, and courage to the block; when there are none left but sheep and donkeys, the State will have been saved. But a man must not think to cope with a Revolution; nor a minister, however fortified with guards, to hold in check a country that had given birth to such men as Yoshida and his soldier-follower. The violence of the ministerial Tarquin only served to direct attention to the illegality of his master's rule; and people began to turn their allegiance from Yeddo and the Shogun to the long- forgotten Mikado in his seclusion at Kioto. At this juncture, whether in consequence or not, the relations between these two rulers became strained; and the Shogun's minister set forth for Kioto to put another affront upon the rightful sovereign. The circumstance was well fitted to precipitate events. It was a piece of religion to defend the Mikado; it was a plain piece of political righteousness to oppose a tyrannical and bloody usurpation. To Yoshida the moment for action seemed to have arrived. He was himself still confined in Choshu. Nothing was free but his intelligence; but with that he sharpened a sword for the Shogun's minister. A party of his followers were to waylay the tyrant at a village on the Yeddo and Kioto road, present him with a petition, and put him to the sword. But Yoshida and his friends were closely observed; and the too great expedition of two of the conspirators, a boy of eighteen and his brother, wakened the suspicion of the authorities, and led to a full discovery of the plot and the arrest of all who were concerned.

In Yeddo, to which he was taken, Yoshida was thrown again into a strict confinement. But he was not left destitute of sympathy in this last hour of trial. In the next cell lay one Kusakabe, a reformer from the southern highlands of Satzuma. They were in prison for different plots indeed, but for the same intention; they shared the same beliefs and the same aspirations for Japan; many and long were the conversations they held through the prison wall, and dear was the sympathy that soon united them. It fell first to the lot of Kusakabe to pass before the judges; and when sentence had been pronounced he was led towards the place of death below Yoshida's window. To turn the head would have been to implicate his fellow-prisoner; but he threw him a look from his eye, and bade him farewell in a loud voice, with these two Chinese verses:—

"It is better to be a crystal and be broken,
Than to remain perfect like a tile upon the housetop."

So Kusakabe, from the highlands of Satzuma, passed out of the theatre of this world. His death was like an antique worthy's.

A little after, and Yoshida too must appear before the Court. His last scene was of a piece with his career, and fitly crowned it. He seized on the opportunity of a public audience, confessed and gloried in his design, and, reading his auditors a lesson in the history of their country, told at length the illegality of the Shogun's power and the crimes by which its exercise was sullied. So, having said his say for once, he was led forth and executed, thirty-one years old.

A military engineer, a bold traveller (at least in wish), a poet, a patriot, a schoolmaster, a friend to learning, a martyr to reform,—there are not many men, dying at seventy, who have served their country in such various characters. He was not only wise and provident in thought, but surely one of the fieriest of heroes in execution. It is hard to say which is most remarkable—his capacity for command, which subdued his very jailors; his hot, unflagging zeal; or his stubborn superiority to defeat. He failed in each particular enterprise that he attempted; and yet we have only to look at his country to see how complete has been his general success. His friends and pupils made the majority of leaders in that final Revolution, now some twelve years old; and many of them are, or were until the other day, high placed among the rulers of Japan. And when we see all round us these brisk intelligent students, with their strange foreign air, we should never forget how Yoshida marched afoot from Choshu to Yeddo, and from Yeddo to Nangasaki, and from Nangasaki back again to Yeddo; how he boarded the American ship, his dress stuffed with writing material; nor how he languished in prison, and finally gave his death, as he had formerly given all his life and strength and leisure, to gain for his native land that very benefit which she now enjoys so largely. It is better to be Yoshida and perish, than to be only Sakuma and yet save the hide. Kusakabe, of Satzuma, has said the word: it is better to be a crystal and be broken.

I must add a word; for I hope the reader will not fail to perceive that this is as much the story of a heroic people as that of a heroic man. It is not enough to remember Yoshida; we must not forget the common soldier, nor Kusakabe, nor the boy of eighteen, Nomura, of Choshu, whose eagerness betrayed the plot. It is exhilarating to have lived in the same days with these great-hearted gentlemen. Only a few miles from us, to speak by the proportion of the universe, while I was droning over my lessons, Yoshida was goading himself to be wakeful with the stings of the mosquito; and while you were grudging a penny income tax, Kusakabe was stepping to death with a noble sentence on his lips.

〈From *Familiar Studies of Men and Books* by Robert Louis Stevenson.〉

【解題、並びに凡例】

1．本篇は英国の文豪スティーヴンソンが、一八七八年から九年、すなわち明治十一年から十二年ごろ、英国に出張中の正木退蔵から聞いたことを書き綴り、同人の校正を経て発表した一文です。

2．正木退蔵は安政五年（一八五八）、十三歳で吉田松陰に師事した。この滞英当時、何らの資料もなく、二十年前の記憶をたどって物語ったので、多少の記憶違いも散見されるが、主要部分に誤りはありません。不朽の大文豪が吉田松陰に感じ入り、世界に初めて発信した文章として、意義があります。

3．本篇は第十五版「スティーヴンソン全集」の Familiar Studies of Men and Books から採りました。

4．小見出しは便宜上、訳者が付け加えました。

〈参考文献〉

『吉田松陰全集』全十巻及び別巻（山口県教育会編　大和書房）
『吉田松陰と松下村塾』（海原徹著　ミネルヴァ書房）
『新釈　講孟余話』（吉田松陰著　松浦光修編訳　PHP研究所）
『講孟箚記』上下（近藤啓吾全訳注　講談社）
『新訳　留魂録　吉田松陰の「死生観」』（松浦光修編訳　PHP研究所）
『30ポイントで読み解く　吉田松陰「留魂録」』（安藤優一郎著　PHP研究所）
『吉田松陰　留魂録』（古川薫訳注　講談社）

堀地速男（ほりち　はやお）

1941年富山県生まれ。いかに生くべきか模索していた20歳代の頃イギリスの文豪スティーブンソン著『吉田寅次郎』に出会い号泣。いつの日か成功し吉田松陰先生の思想を世に広めるお手伝いをしたいとの志を抱く。また、安岡正篤先生に師事し「直接薫陶を受けたことで自分の骨格を成した」と語っている。1997年、妻の堀地ヒロ子氏と共に株式会社オール（現株式会社銚子丸）を創業。玩具店、持ち帰り寿司店、とんかつ店、中華料理店、回転寿司店などを運営。業績の伸び悩みから様々な書籍や研修に成功のヒントを求める中、1997年に参加した米国外食視察で「理念経営」と出会い、事業に対する考え方を大きく進化させる。翌1998年「すし銚子丸」第一号店を千葉県市川市に開店。お客様の感謝と喜びをいただくことを使命とする経営理念と「グルメ回転寿司」という新しい業態がお客様に支持され出店を加速。2007年3月ジャスダック上場を果たし、2016年5月期には年商200億円に迫るすしチェーンを一代で育てた。2016年6月この本の出版を目前に逝去。その種子は自らが育てた〝銚子丸人〟たちの中に今も生きている。

銚子丸ＨＰ　http://www.choushimaru.co.jp

神渡良平（かみわたり　りょうへい）

1948年鹿児島生まれ。九州大学医学部中退後、雑誌記者を経て独立。38歳のとき脳梗塞で倒れ一時は半身不随となるが必死のリハビリで再起。闘病生活中に、どんな人にもなすべき使命があることを痛感し、大きな宇宙の仕組みに即した前向きな生き方をしたとき、実りある人生が築けることに目覚めていく。闘病中に起草した『安岡正篤の世界』（同文舘出版）がベストセラーに。最新作に『アメイジング・グレイス　魂の夜明け』（廣済堂出版）、他に『苦しみとの向き合い方　言志四録の人間学』『中村天風人間学』『一隅を照らす生き方』（以上、PHP研究所）、『安岡正篤「珠玉の言葉」』『安岡正篤「人生を拓く」』『安岡正篤　人生を変える言葉』（以上、講談社）、『宇宙の響き　中村天風の世界』『下坐に生きる』（以上、致知出版社）、『安岡正篤人間学』（以上、同文舘出版）、『マザー・テレサへの旅路』（サンマーク出版）などがある。

e-mail：kamiryo12@gmail.com
http://kamiwatari.jp

《写真》
アマナイメージズ（P25）
株式会社銚子丸（P81）
一般社団法人山口県観光連盟（P139）

志が人と組織を育てる

グルメ回転寿司「銚子丸」が吉田松陰から学んだ理念

2016年8月12日　第1版第1刷

著者　堀地速男　神渡良平
発行者　後藤高志
発行所　株式会社 廣済堂出版
〒104-0061 東京都中央区銀座3-7-6
電話 03-6703-0964（編集）
03-6703-0962（販売）
Fax 03-6703-0963（販売）
振替　00180-0-164137
URL　http://www.kosaido-pub.co.jp
印刷・製本　株式会社 廣済堂
ISBN　978-4-331-52054-3　C0095